争议评审住建纠纷解决方案

山东省工程建设标准造价协会　组织编写

于振平　主编

中国建材工业出版社

北　京

图书在版编目（CIP）数据

争议评审住建纠纷解决方案/于振平主编；山东省工程建设标准造价协会组织编写. --北京：中国建材工业出版社，2024.6

ISBN 978-7-5160-4174-1

Ⅰ.①争… Ⅱ.①于… ②山… Ⅲ.①建筑工程—经济纠纷—处理—中国 Ⅳ.①D922.297.5

中国国家版本馆 CIP 数据核字（2024）第 111724 号

争议评审住建纠纷解决方案
ZHENGYI PINGSHEN ZHUJIAN JIUFEN JIEJUE FANG'AN
山东省工程建设标准造价协会　组织编写
于振平　主编

出版发行：	中国建材工业出版社
地　　址：	北京市西城区白纸坊东街 2 号院 6 号楼
邮　　编：	100054
经　　销：	全国各地新华书店
印　　刷：	北京雁林吉兆印刷有限公司
开　　本：	710mm×1000mm　1/16
印　　张：	11
字　　数：	150 千字
版　　次：	2024 年 6 月第 1 版
印　　次：	2024 年 6 月第 1 次
定　　价：	**58.00 元**

本社网址：www.jccbs.com，微信公众号：zgjcgycbs
请选用正版图书，采购、销售盗版图书属违法行为
版权专有，盗版必究。本社法律顾问：北京天驰君泰律师事务所，张杰律师
举报信箱：zhangjie@tiantailaw.com　举报电话：（010）63567684
本书如有印装质量问题，由我社事业发展中心负责调换，联系电话：（010）63567692

前　　言

建设工程纠纷一旦进入诉讼程序，举证难、认定难、鉴定难、执行难、耗时长、费用高，这是所有当事人不得不面临的问题。建设工程本身具有涉及专业多、技术复杂等特点，使得查清事实成为法官头疼的问题。建设工程纠纷的争议金额大，关联因素多，处理不好，极易引发系列矛盾，成为影响社会安定的不利因素。

山东省高级人民法院在全面开展矛盾纠纷诉前调解工作的基础上，针对建设工程纠纷发布了《建设工程领域纠纷"评调裁一体化"工作办法》（以下简称《办法》），把"争议评审"的非诉模式与诉讼程序对接，将行业协会的独特解纷优势对接到法院的特邀调解机制中；把行业解纷力量纳入司法机制中，用司法的权威性、公信力做保障，既扩大了协会的社会影响力，又调动了非诉解纷力量，真正把诉与非诉优势结合到了一起，实现了"1＋1＞2"的良好解纷效果。

《办法》规定：当事人在调解过程中，对工程结算、鉴定意见、工程造价等专业性问题无法达成一致意见的，调解员应引导当事人选择以争议评审的方式解决。通过评审，如果不能达成和解，在后续诉讼过程中，通过评审确认的事实，不需要重复举证，充分激发了争议评审在矛盾源头预防和纠纷化解工作中的强大生命力和现实活力。

争议评审是建设工程领域介于仲裁、诉讼与调解之间的替代型争端解决机制，具有快捷、灵活和经济的特征。山东省工程建设标准造价协会颁布实施的团体标准《建设工程造价争议评审规范》规定，争议评审工作可以由一名争议评审员实施，也可由三名及以上单数评审员组成评审小组实施。评审员地位中立，不代表任何一方的利益。主要形式是召开评审会议，充分听取当事人的意见，在尊重当事人意愿，不违反法律的前提下，可以采用调解等多种方式化解争议。争议评审员除了依靠专业知识和经验，审查当事人提交的证据资料，评估逻辑必然性或者高度盖然性以外，还可以采用聆讯、现场勘验、委托第三方专业机构鉴定、市场调查等方式查明事实。双方能够达成一致意见的，应尊重双方意见；双方不能达成一致意见的，评审小组应依据相关法律、规范、标准、案例、经验及行业惯例等，以多数评审员的意见做出评审决定。

目前，山东省高级人民法院聘任工程建设领域的特邀调解员15人，又从山东造价协会争议评审员中，聘任了32名特邀评审员，形成了开展"评调裁一体化"工作的基础技术力量。

评审员利用专业优势，把当事人的合同争议落实到工程实体上，把概念性的争议细化为具体的技术问题，极大降低了争议处理难度。当事人可在任何时间将与合同有关的任何争议共同提请争议评审机构进行评审。争议评审随时随事的特点，保证评审在争议初发和源头参与，促进纠纷源头化解，极大节省解纷成本。即使在诉讼过程中，当事人争议的焦点仍然是工程造价问题，通过争议评审，只要解决了技术问题，大部分纠纷就迎刃而解了。

"苟利于民，不必法古；苟周于事，不必循旧。"山东省《建设工程造价争议评审规范》（T/LESC 05—2021）是基于当前国内建筑法律现状，参考了英国、马来西亚等国家有关建设工程纠纷处理思路，形成了具有中国文化特点的、切实可行的制度和方法，是对建设工程领域纠纷源头预防和化解机制的理论创新。山东省高级人民法院发布的《建设工程领域"评调裁一体化"工作办法》，经过实践证明效果很好，是对国内住建领域多元解纷工作的制度创新。

于振平

2023年11月1日

目　　录

第一章　登堂入室 …………………………………………… 1

　第一节　评调裁的司法实践 ……………………………… 2
　第二节　评调裁的合同设计 ……………………………… 5
　第三节　多元解纷的制度引领 …………………………… 10

第二章　革故鼎新 …………………………………………… 17

　第一节　争议评审规范实例 ……………………………… 17
　第二节　评审员管理办法实例 …………………………… 43
　第三节　评审员守则实例 ………………………………… 49
　第四节　评审员名册管理实例 …………………………… 52
　第五节　争议评审案件实例 ……………………………… 57

第三章　评审报酬 …………………………………………… 73

第四章　他山之石 …………………………………………… 77

　第一部分　AIAC（KLRCA）主任致辞 ………………… 78
　第二部分　2012 年建筑业付款与评审法 ……………… 79
　第三部分　2014 年建筑业付款与评审条例 …………… 93
　第四部分　2014 年建筑业付款和评审（豁免）令 …… 98
　第五部分　亚洲国际仲裁中心的评审规则和程序 …… 100
　第六部分　AIAC　CIPAA　通告 ……………………… 151
　第七部分　2012 年 CIPAA 指南 ………………………… 161

第一章　登堂入室

党的十八大以来，以习近平同志为核心的党中央提出了全面依法治国的新理念、新思想、新战略，在2019年的中央政法工作会议上，习近平总书记强调，坚持"把非诉讼纠纷解决机制挺在前面"，住房和城乡建设领域的非诉讼纠纷化解方式包括：计价依据解释、谈判促进和解、调解、争议评审和仲裁等五种，其中争议评审在2007年11月1日由原国家发展和改革委员会、原建设部、原信息产业部等9个部门联合制定的《〈标准施工招标资格预审文件〉和〈标准施工招标文件〉试行规定》及相关附件发布，首次列入了施工合同示范文本的通用条款，该条款是借鉴国际咨询工程师联合会（FIDIC）编制的《土木工程施工合同条件》（也称FIDIC合同条件）的经验，尝试在国家投资建设工程项目中适用，但是由于营商环境的差异，完全照搬的国外方式始终无法推广。

山东省工程建设标准造价协会从2017年开始，在济南仲裁委员会的帮助下参与工程造价纠纷的处理工作，以行业自律的名义，对造价工程师业务产生的争议进行评审，出具争议评审决定，取得了很好的社会效果。

2019年，为了方便市场主体选择争议评审方式，山东省工程建设标准造价协会将内部执行的"争议评审规则"出版发行，成为推荐使用的山东省工程建设团体标准《工程造价争议评审规范》（T/LESC 05—2021）。

2021年8月10日，山东省高级人民法院为了促进建设工程合同争议多元化解，降低解纷成本，加强诉源治理，在全面开展矛盾纠纷诉前调解工作的基础上,把山东省工程建设标准造价协会创立的"争议评审"的非诉模式与诉讼程序对接,针对建设工程纠纷制订了《建设工程领域纠纷"评调裁一体化"工作办法》。

第一节 评调裁的司法实践

为了促进建设工程合同争议多元化解,把非诉讼纠纷解决机制挺在前面,降低解纷成本,加强诉源治理,山东省高级人民法院制订了《建设工程合同纠纷"评调裁一体化"工作办法》。

第一条 [调解前置]山东省工程建设标准造价协会以及分支机构作为山东法院特邀调解组织,按照当事人的委托或者经人民法院委派,可以对建设工程领域的相关纠纷进行调解。当事人自行申请调解的,调解组织应当进行调解。当事人起诉到人民法院的,除不适宜调解的外,经双方当事人同意,人民法院立案前可以委派调解。

第二条 [办理途径]自行申请调解、诉前调解、诉讼调解应通过人民法院调解平台办理。

第三条 [事实梳理]调解组织(调解员)收到案件材料后,应及时联系当事人,了解当事人的诉求和意见,梳理争议事实,核实证据,固定无争议事实,明确争议焦点,形成案件工作报告。

第四条 [调解]调解组织(调解员)应当在五个工作日内确定调解时间、地点并通知各方当事人。

调解员在调解过程中应当制作调查笔录和调解笔录等工作笔录,在查清事实的基础上依法提出纠纷解决方案,调解过程应平等协商、互谅互让,促进当事人自愿达成调解协议。

调解过程中,需要办理诉前保全、司法鉴定等事项的,根据当事人的申请,调解组织应协调管辖法院,指导当事人办理。

无法达成调解,当事人坚持起诉的,调解组织(调解员)可协助当事人办理相关登记立案,并将调解过程中形成的案件材料通过人民法院调解平台一并推送管辖法院。

第五条 [争议评审] 调解过程中，当事人对工程结算、鉴定意见、计价依据等专业性问题无法达成一致意见的，可以依据合同约定的争议评审条款或临时达成的争议评审意向，申请以"争议评审"的非诉讼方式解决争议。

评审启动后，由当事人选定或协会指定评审员组成评审小组，可采用证据核实、现场勘验、调查讨论、价格测算等方式查明争议事实，并依据争议评审相关规范及规则进行争议评审，形成争议评审决定书。

当事人根据争议评审决定书达成一致意见时，调解员应引导即时履行，也可签署和解协议。

当事人在争议评审决定书的履行过程中不能达成一致意见的，可申请继续调解。

当事人对争议评审决定书的结论存在异议的，原纠纷可依法转入诉讼程序。

第六条 [调解成功] 经调解达成调解协议的，按照以下情形处理：

（一）[即时履行]：当场履行完毕或有其他情形的，当事人不申请司法确认或出具调解书的，填写《调解情况登记表》备案，调解组织或调解员在人民法院调解平台上传当事人撤诉材料，勾选调解成功，结束诉前调解。

（二）[司法确认] 符合申请司法确认条件的，可依据法律及司法解释的有关规定依法办理。

（三）[出具调解协议书] 申请法院出具调解书的，由法院依法审查并制作调解书。

第七条 [繁简分流] 调解未成的，调解员应当根据案件情况对案件进行繁简标识。

第八条 [简案] 虽未达成调解协议，但案件在调解过程中已确认了大部分无争议事实的，标注为"简案"进入速裁程序。对于无争议事实记载，当事人在后续诉讼程序中不需另行举证。

第九条 ［繁案］对未达成调解协议且争议较大、案情复杂，或存在其他不适宜调解情形的，标注为"繁案"进入精审程序。

第十条 ［监督指导］调解过程中调解员应及时将调解进程及阶段性文件上传人民法院调解平台，人民法院给予指导、规范和监督，必要时可以参与调解。

第十一条 ［调解期限］诉前调解期限为 30 日，自调解组织（调解员）接收材料之日起算，法律另有规定的按照法律规定办理。双方当事人书面同意延长的，不受上述期限的限制。

第十二条 各地法院可以与住房与城乡建设主管部门、特邀调解组织加强信息共享，建立沟通协调机制，严格落实回避制度，完善考评体系，保障工作流程顺畅、规范。

第十三条 本办法自 2021 年 8 月 23 日起试行。

从此，山东省高级人民法院将行业协会的独特解纷优势对接到法院的特邀调解机制中，把行业协会的解纷力量纳入司法机制中，用司法的权威性、公信力做保障，既扩大了协会的行业影响力，又调动了非诉解纷力量，真正把诉与非诉优势结合到了一起，实现了"1＋1＞2"的良好解纷效果。

2022 年 3 月 27 日山东省人民政府办公厅以"鲁政办字〔2022〕28 号"文印发的《"十大创新""十强产业""十大扩需求"2022 年行动计划》，将《建设工程领域纠纷"评调裁一体化"工作办法》列入《"十大创新"之营商环境创新 2022 年行动计划》。

2022 年 8 月 29 日，山东省高级人民法院在青岛举行全省法院建设工程领域纠纷诉前化解专题培训会，以"鲁高法明传（2022）285 号"《明传》的形式，通知到各市中级人民法院、济南铁路运输中级法院青岛海事法院，贯彻落实省委、省政府关于深入开展优化营商环境创新提升行动，推动全省营商环境建设水平持续争先进位的部署要求，针对《营商环境创新 2022 行动计划》工作台账（74）项中"加快落实建设工程纠纷'评调裁'一体化办法"任务目标,进一步推进全省法院建设工程领域纠纷诉前化解。

第二节　评调裁的合同设计

2023年7月,最高人民法院向住房城乡建设部、自然资源部发出《关于完善商品房买卖合同、建设工程合同示范文本有关条款的司法建议书》(法建〔2023〕1号),其中关于《建设项目工程总承包合同(示范文本)》和《建设工程施工合同(示范文本)》的完善建议如下:

(一) 完善争议评审机制

建议细化专家争议机制条款,使之更具有可操作性,并作为调解、仲裁、诉讼之前的程序,以充分发挥建设工程合同评审小组在认定事实、解决纠纷方面的作用。具体如下:

1. 建议删除《建设项目工程总承包合同》《建设工程施工合同》通用合同第20.3.1条"或者争议发生后的14天内"。

【说明】保留当事人应当自合同订立后28天内选定争议评审员,约定争议评审员的选定时间在争议发生前,以免争议发生后当事人另行协商造成时间拖延。

2. 建议将《建设项目工程总承包合同》《建设工程施工合同》通用合同"20.3 争议评审"条文设置在"20.2 调解"之前,互换顺序后为"20.2 争议评审""20.3 调解"。

【说明】争议评审涉及事实问题,如果将争议评审作为前置程序,可以固定当事人均无异议的事实问题,为调解、仲裁、诉讼提供事实依据。

3. 建议将《建设项目工程总承包合同》《建设工程施工合同》专用合同的"20.3 争议评审"条款完善为:"合同当事人同意在调解、申请仲裁或提起诉讼前将工程量、工程单价、工程总价或工程质量等工程争议提交争议评审小组决定。"以增加争议评审小组可以评审的事项范围。

将"20.3.1 争议评审小组的确定"一款完善为：

"争议评审小组成员的人数：【1 人】【3 人】【其他_____人】。

争议评审小组由【姓名_____】【姓名_____】【姓名_____】组成（名单目录见附件）。

选定争议评审小组的期限：合同签订之日起_____天内（不多于 28 天）。

合同双方约定由_____作为评审机构（参考名单目录见附件）。"

将"20.3.3 争议评审小组的决定"完善为："合同当事人一致同意，争议评审小组作出的书面决定经签字确认后即具有约束力；作为调解、仲裁和诉讼中的事实认定的根据。"

【说明】在当事人签订建设工程专用合同时，明确同意争议评审作为调解、仲裁、诉讼的前置程序，选择评审小组人数、具体人员、评审机构，明确选定评审组的期限天数，明确接受评审小组意见，有利于充分发挥争议评审小组的作用，避免或者减少仲裁和诉讼争议。同时，建议各地住建部门将本辖区评审员、评审组织名单以及简介作为合同示范文本附件提供给合同签订方选择。

【相关法律和司法文件】

《最高人民法院关于审理建设工程施工合同纠纷案件适用法律问题的解释（一）》第三十条。

（二）非诉解纷机制挺前

建议在《建设项目工程总承包合同》《建设工程施工合同》专用合同中增加"20.3 调解"条款："合同当事人同意将工程争议在申请仲裁或者提起诉讼前先行调解。

20.3.1 调解组织：当事人协商选择由_____作为合同

争议的调解组织。（备选调解组织名单见附件）

调解组织报酬的承担人：_____（列明承担人的姓名，或者共同承担人的姓名）

其他事项的约定：_____

20.3.2 调解协议的效力：双方当事人同意，经双方签字盖章后的调解协议发生法律效力，双方均应遵照执行。当事人一方可以向人民法院申请司法确认调解协议，经司法确认后具有强制执行效力；也可以向仲裁机构申请出具仲裁调解书或者仲裁裁决作为申请强制执行的法律文书。"

【说明】在当事人签订建设工程专用合同时，可以约定将调解作为诉前程序，协商选择确定调解组织，明确选定调解组织的期限天数，明确调解协议具有合同效力，充分发挥诉前调解的作用。有的建设工程合同纠纷非常复杂，调解需要专业水平高、经验丰富的专家做大量的工作，因此，应增加调解报酬条款，以促进专业调解组织和调解专家参与此项工作。各地住建部门将本辖区调解组织库名单以及简介作为合同示范文本附件提供给合同签订方选择，为企业提供便捷的服务。

（三）释明仲裁效力及仲执对接

建议将《建设项目工程总承包合同》《建设工程施工合同》通用合同"20.4 仲裁或诉讼"完善为："因合同及合同有关事项发生的争议，经和解、调解、争议评审仍无法解决，或者未就前述争议解决方式达成一致的，按下列第____种方式解决：（1）向_____仲裁委员会申请仲裁（一裁终局，对依法设立的仲裁机构的裁决一方当事人不履行的，对方当事人可以向建设工程所在地的中级人民法院申请执行）；（2）向人民法院起诉（两审终审）。"

【说明】充分发挥行业协会等调解组织化解纠纷的积极作用，将非诉矛盾化解挺在前面，引导当事人通过仲裁途径解决争议，避免当事人诉累。

【相关法律和司法文件】

《最高人民法院关于适用〈中华人民共和国民事诉讼法〉的解释》第二十八条第二款、《最高人民法院关于人民法院办理仲裁裁决执行案件若干问题的规定》第二条。

（四）诉前确定鉴定评估机构

建议在《建设项目工程总承包合同》《建设工程施工合同》中增加评估和鉴定机构选择条款，为争议解决及时提供评估或者鉴定意见。具体为：

1. 在通用合同中增加"20.5 评估机构和鉴定机构的选择：无论合同当事人选择以诉讼或仲裁方式解决争议，双方就工程量、工程单价、工程总价或工程质量有争议的，同意在提起仲裁或诉讼前协商由造价机构、质量检测机构或鉴定机构对争议事项进行评估、检测或鉴定。当事人协商选择的评估和鉴定机构作出的书面决定，对双方具有约束力。"

2. 建议在《建设项目工程总承包合同》《建设工程施工合同》专用合同中增加：

"20.5 评估和鉴定机构选择：合同双方因合同对工程量、工程单价、工程总价或工程质量有争议的，在提起仲裁或诉讼前协商由【＿＿＿＿＿＿＿＿】造价机构/【＿＿＿＿＿＿＿＿】工程质量检测机构/【＿＿＿＿＿＿＿＿】鉴定机构（参考名单见附件）开展评估鉴定。

20.5.1 关于评估鉴定程序的约定。

20.5.2 一方当事人不按照合同约定开展或者拖延、不配合工程造价评估、工程质量检测或鉴定的，对方当事人有权请求支付违约金。"

【说明】引导合同当事人在签订合同时确定建设造价评估、工程质量检测机构、鉴定机构，以免纠纷发生时选择评估、鉴定机构发生争议，客观上延长评估、鉴定时长。一方当事人以拖延或不配合等方式不按照合同约定开展工程造价评估、工程质量检测或鉴定的，设置违约责任条款，确保按照合同约定顺利开展评估鉴定。

（五）提示督促发包人审核义务

建议将《建设项目工程总承包合同》专用合同第14.5.2条第一款、《建设工程施工合同》专用合同14.2条第二款"发包人审批竣工付款申请单的期限"完善为："发包人审批竣工付款申请单的期限：按下列第____种方式执行：

（1）按通用合同条款14.2的约定执行；

（2）双方自行约定____天。"

【说明】《建设工程施工合同》通用合同条款中规定的28天竣工结算审核期限对当事人利益影响巨大，因发包人没有充分注意通用条款的该内容，导致未在28天内提出异议的，法院或仲裁机构直接按照承包人报送的价款进行认定，可能导致利益失衡。另一方面，实践中确实存在发包人拖延审核的情况，有必要进行一定的规制。条文完善后起到提示作用的同时督促发包人及时履行审核义务，有利于维护承包人的合法权益，且节约司法资源，达到诉源治理的目的。

【相关法律和司法文件】

《最高人民法院关于审理建设工程施工合同纠纷案件适用法律问题的解释（一）》第二十一条、《最高人民法院民事审判庭关于发包人收到承包人竣工结算文件后，在约定期限内不予答复，是否视为认可竣工结算文件的复函》。

最高人民法院的司法建议书完全肯定了山东省的做法，将原合同约定的"调解、评审、裁决"顺序，调整为"评调裁"的顺序。

2023年9月，山东省住房和城乡建设厅与山东省高级人民法院联合印发的《关于建立健全全省住房城乡建设领域矛盾纠纷多元化解工作机制的指导意见》（鲁建法字〔2023〕4号）中，要求探索推广第三方争议评审机制，争议评审方式第一次在山东省正式被司法系统和行业主管部门认可。

第三节 多元解纷的制度引领

为坚决贯彻党的二十大提出的"健全共建共治共享的社会治理制度,提升社会治理效能",根据《中共中央办公厅 国务院办公厅关于完善矛盾纠纷多元化解机制的意见》《中央全面深化改革委员会关于加强诉源治理推动矛盾纠纷源头化解的意见》《山东省多元化解矛盾纠纷促进条例》有关规定,深入推进住房和城乡建设领域(以下简称住建领域)矛盾纠纷多元化解机制建设而印发的《关于建立健全全省住房城乡建设领域矛盾纠纷多元化解工作机制的指导意见》要求各市住房城乡建设局、中级人民法院、城管局、住房公积金(管理)中心,济南、青岛、淄博、枣庄、东营、济宁、威海、滨州、菏泽市水务(水利)局,济南、青岛市园林和林业(绿化)局,济南市城乡交通运输局,认真贯彻执行,要求各地在执行过程中遇到新情况新问题及时层报各自上级主管部门。

《关于建立健全全省住房城乡建设领域矛盾纠纷多元化解工作机制的指导意见》主要内容如下:

一、指导思想和基本原则

坚持以习近平新时代中国特色社会主义思想为指导,深入贯彻习近平法治思想,全面落实党的十九大、二十大精神,坚持以人民为中心,在社会基层坚持和发展新时代"枫桥经验",积极主动融入党委领导下的诉源治理机制建设,建立健全住建领域民事纠纷(以下简称住建纠纷)在线诉调对接等多元化解机制,把诉调对接的"调"进一步向矛盾纠纷源头延伸,向事前预防延伸,发挥人民法院在多元化解纠纷解决机制中的引领、推动、保障作用,发挥住房和城乡建设主管部门(以下简称住建部门)在住建纠纷化解中的源头治理和指导协调作用,发挥行业内各类调解组织和专业人员的专业调解作用,强化人民群众和市场主体通过调解化解纠纷的意识,保障当事人合法权益,增进住建领域的社会和谐,维护公平正义。

住建领域多元化解纠纷应坚持以下原则:

坚持党的绝对领导。融入党领导下内外联动、上下协同、有序衔接的矛盾纠纷多元化解工作格局。

依法公正原则。住建纠纷调解工作不得违反法律规定,不得损害国家利益、集体利益和第三方合法权益。

调解自愿原则。住建纠纷调解应充分尊重各方当事人意愿,保障当事人依法行使诉讼权利。

便民高效原则。根据住建纠纷多样化特点,灵活确定调解方式,强化信息技术应用,提升解纷质效,降低当事人化解纠纷成本。

二、建立完善诉调对接工作格局,公正高效化解住建领域矛盾纠纷

(一)明确工作范围和职责分工

1. 工作范围。一是涉及房屋交易、房地产开发经营、物业服务、城市房屋拆迁、房屋建筑和市政基础设施建设工程施工等住建领域诉讼多发的矛盾纠纷。二是涉及城市建设管理、住房保障、住房公积金管理、物业管理、国有土地上房屋征收等,依法由住建领域相关部门监督管理的矛盾纠纷。三是其他涉及住建领域的矛盾纠纷。

2. 职责分工。省高级人民法院在最高人民法院、住房和城乡建设部"总对总"在线诉调对接机制框架下,负责宣传引导当事人运用"人民法院调解平台"(以下简称法院调解平台)化解住建纠纷,建立健全沟通机制,完善在线诉调对接工作流程,指导各级人民法院与住建部门开展诉调对接工作;各市、县(市区)人民法院将符合条件的住建纠纷调解组织和调解员纳入本院调解名册并定期更新,在当事人自愿的基础上开展委派、委托调解工作,根据当事人的申请对调解协议进行司法确认或出具调解书。

省住房城乡建设厅在最高人民法院、住房和城乡建设部"总对总"在线诉调对接机制框架下，负责指导成立省级指导委员会，组建省级行业调解组织，指导各级住建领域相关部门建立多元化解纠纷机制，做好调解组织人员管理和信息更新等工作，汇总有关信息及典型经验案例并及时报送住房和城乡建设部；各市、县（市区）住建部门负责会同本地住建领域相关部门指导成立专门管理机构并组建本地调解组织和审核确认调解员，组织本地调解组织和调解员入驻法院调解平台和现场开展调解工作。

（二）建立健全调解组织和调解员队伍。各级住建部门要加快培育和推动本系统行业性调解组织和调解员队伍建设，鼓励有条件的行业协会等社会组织设立行业调解组织，积极争取纳入人民调解范畴；聘请人大代表、政协委员、人民陪审员、专家学者、律师、仲裁员、退休法律工作者等具备条件的个人担任调解员。省、市以及有条件的县（市、区）可组织房地产业、建筑业、建设工程造价管理、物业管理、监理协会等领域社会组织，共同成立住建民事纠纷调解管理中心（以下简称管理中心），承担本地住建领域调解组织和调解员的日常管理，做好调解组织人员管理和信息更新等工作，及时将有关信息报省高级人民法院、省住房城乡建设厅。

人民法院依托法院调解平台委派、委托住建纠纷调解组织及调解员开展线上调解工作；鼓励有条件的人民法院设立住建纠纷调解室，供调解组织、调解员开展工作；动态管理调解组织名册、调解员名册，向社会公开完整准确的调解组织和调解员信息。

（三）完善诉调对接工作程序

1. 做好委派委托调解工作。对于具备调解基础的案件，人民法院应当按照自愿、合法原则，根据情况采取委派、委托等方式，引导当事人通过调解组织解决纠纷。经调解达成一致的，当事人可共同申请人民法院对调解协议进行司法确认，也可以申请人民法院出具调解书；调解不成的，由人民法院依照法律规定立案或继续审理。

2. 做好调解协议的司法确认。双方当事人自行提交调解申请和立案前委派调解的，双方当事人签署调解协议后应按约履行，经调解达成一致，当事人认为有必要申请司法确认的，应在调解协议生效之日起 30 日内共同向人民法院提出申请。经人民法院确认调解协议有效，一方当事人未按照协议履行的，对方当事人可向人民法院申请强制执行。立案后委托调解并达成调解协议的，由人民法院审查并制作调解书。

3. 规范运用无争议事实记载。当事人未达成调解协议但就相关事实没有争议的，调解员在征得纠纷双方当事人同意后，可以用书面形式记载调解过程中双方当事人没有争议的事实，并由当事人签字确认。对于有争议的事实内容，涉及到专业性问题的，可申请由调解组织进行争议评审。调解不成进入诉讼程序的，调解员及时将无争议事实书面记载材料和争议评审材料全部移交给案件受理的人民法院。在诉讼过程中，除涉及国家利益、社会公共利益和他人合法权益外，当事人无需对调解过程中已确认的无争议事实进行举证。

三、加强解纷联动，推动诉调对接的"调"向前延伸，促进住建领域纠纷源头治理

（四）建立沟通交流机制。由省高级人民法院立案庭和省住房城乡建设厅政策法规处牵头，建立省级住建领域诉调对接工作协调和信息共享机制：一是按季度召开联席会议，交流开展诉源治理、诉调对接等矛盾纠纷多元化解工作情况，分析存在问题，探讨解决办法，总结推广经验。二是人民法院运用大数据对住建纠纷案件高发领域进行有针对性地分析研判，通过发布审判白皮书、司法建议、工作建议函、典型案例等方式，推进住建部门依法行政。三是就住建领域相关的司法解释、政策、工作中出现的新情况新问题，加强信息沟通交流，各市、县（市区）人民法院和住建部门参照省级模式执行。

（五）探索推广第三方争议评审机制。参照省高级人民法院《建设

工程领域纠纷"评调裁一体化"工作办法》的精神，鼓励行业调解组织发挥专业特长，建立各细分领域纠纷争议评审机制，建立争议评审员名册，制定《争议评审规范》，明确评审原则、评审依据、评审内容、评审程序、评审决定等具体内容，努力将纠纷化解在行业内。提倡住建领域市场主体在签订合同时，将争议评审纳入合同争议解决条款。争议发生后，可通过聘请行业专家、技术人员等专业评审员，采用争议评审机制对专业问题进行责任定性。当事人可根据争议评审决定自行和解或者由调解组织调解；调解不成需诉讼或仲裁的，可将争议评审决定、无争议事实记载等相关材料移交受理的人民法院或仲裁机构。

（六）完善住建部门访调对接工作机制。各级住建领域相关部门按照《山东省多元化解矛盾纠纷促进条例》规定，可以通过购买社会服务方式，将适合的纠纷化解工作委托行业调解组织或调解员等社会力量办理。各级住建领域相关部门信访机构对于信访受理以及本级"一站式"矛盾纠纷调解中心受理的适宜通过调解方式化解的矛盾纠纷，宣传和引导信访人先行调解。信访人同意的，登记后移交调解组织或调解员进行调解；信访人明确拒绝的，不得强制调解。调解不成的纠纷，调解组织应当为当事人提供咨询意见，并将咨询意见和调解不成的理由移交给信访机构或调解中心。鼓励各地利用互联网和其他新技术，通过在线咨询、在线协商、在线调解等方式，实现信访纠纷网上化解。

（七）建立执法司法联动制度。各级住建领域相关部门应加大矛盾重点多发领域行业综合监管力度，打击房屋建筑和市政基础设施工程中拖欠工程款、违反工程建设强制性标准、转包、违法分包、挂靠、出借资质等违法行为，加强住建领域纠纷源头治理。经终审判决认定涉及住建领域刑事犯罪的案件，人民法院应加强与同级住建领域相关部门的工作衔接；住建领域相关部门对在法定追溯期内的违法行为应依法采取行政处罚、纳入信用评价等举措予以查处。调解组织或调解员在住建纠纷化解过程中发现当事人违法违规的线索也应及时报送住建领域相关部门,住建领域相关部门依法予以立案查处。

四、强化保障措施,确保住建领域矛盾纠纷化解工作取得实效

(八)加强组织建设。各级人民法院、住建领域相关部门要扛牢政治责任,强化组织保障,加强对管理中心工作的统筹协调,指导建立健全调解组织和调解员考核、奖惩、退出等机制,制定职业道德规范、调解程序、调解规则、名册管理等制度。调解组织和调解员违反有关规定的,依法及时调查处理。在部分地区和行业领域先行试点探索诉调对接试点,有关地方和省级行业社会组织自愿参与的,可向省住房城乡建设厅提出申请,经省高级人民法院、省住房城乡建设厅共同确定。

(九)强化经费保障。分类解决调解工作经费保障问题。一是法院立案前委派的调解和信访调解。对涉及企业间商事活动的住建纠纷调解,鼓励调解组织自行探索市场化的收费模式。地方人民法院和住建领域相关部门通过财政经费予以保障的非商事住建纠纷的调解,调解组织不得收取任何费用。二是法院立案后委托的调解。人民法院已收取当事人诉讼费用,且相关调解为承担人民法院职责范围工作,原则上应由委托法院通过财政经费予以保障。三是当事人自行申请的调解,鼓励调解组织自行探索市场化的收费模式。

对可能影响公共利益、社会稳定等住建纠纷调解,原则上应当通过财政经费予以保障。调解组织自行收费,应提前向社会公开并接受社会监督。

(十)建立健全评估激励体系。管理中心建立调解组织和调解员绩效评估体系,从组织建设情况、矛盾纠纷化解数量、调解成功率等方面科学设定评估内容和评估标准,定期形成调解工作质效分析报告。对工作表现突出、成绩显著的调解组织、调解员进行适当方式表扬并向相关主管部门、所在单位通报或表扬，引导调解组织和调解员优质高效参与住建领域纠纷多元化解工作。

（十一）加强培训指导。各级人民法院和住建领域相关部门应当建立多层次联合培训机制，通过联合开展调解培训、个案指导、以案释法以庭代训、法律讲座等方式，不断提高调解员的职业修养、法律素养、专业知识和调解技能。

五、明确工作要求，推动住建领域和谐稳定和长治久安新局面

（十二）积极融入"一站式"矛盾纠纷多元化解大局。各级人民法院和住建领域相关部门要主动融入党委领导的诉源治理机制建设，纳入本级"一站式"矛盾纠纷多元化解工作，加强与有关部门沟通协调，解决住建纠纷多元化解机制建设中的困难，不断满足人民群众对公平正义的新要求新期待。

（十三）明晰职责边界。各级住建领域相关部门依据职责负责本部门访调对接工作，培育和推动本系统行业性调解组织建设。各行业调解组织应当明确职责范围，依据职责承接涉诉调解案件。对案情复杂、涉及多个调解组织职责的，由管理中心商同级行业调解组织承担调解任务；对职责有争议的，在主管部门指导下，明晰职责边界。

（十四）加强宣传引导。

人民法院、住建领域相关部门应加大宣传力度，通过典型案例、普法教育等方式广泛宣传住建领域矛盾纠纷多元化解工作机制的优势，引导当事人选择和解、调解、争议评审、仲裁等非诉讼纠纷解决方式，依法理性表达诉求，推动住建领域矛盾纠纷在法治轨道上及时有效解决。

第二章 革故鼎新

现行《建设工程施工合同（示范文本）》(GF-2017-0201)《建设项目工程总承包合同（示范文本）》(GF-2020-0216)均在20.3条设置了争议评审的纠纷处理条款，但是正如最高人民法院关于完善《建设项目工程总承包合同（示范文本）》和《建设工程施工合同（示范文本）》的建议中提到的，缺少配套的机构和专家名册，在签订合同专用条款时无法选用。

第一节 争议评审规范实例

2019年，行业协会组织有关专家编写了山东省工程建设团体标准《建设工程造价争议评审规范》(T/LESC-02-2020)并于2020年2月1日正式颁布实施。

在《民法典》《房屋建筑和市政基础设施项目工程总承包管理办法》和《建设项目工程总承包合同（示范文本）》颁布实施以后，标准的部分内容需要修订，经过广泛征求意见，2021年10月20日，由誉光评估工程咨询（青岛）有限公司、上海市建纬律师事务所等单位修订的山东省工程建设团体标准《建设工程造价争议评审规范》2.0版正式发布，两版行业团体标准为解决建设工程造价纠纷提供了具有可操作性的标准依据。

(一)《建设工程造价争议评审规范》正文技术条款

1. 总则

1.0.1 为了公正、科学、独立、高效地解决建设工程造价争议，充分发挥多元化建设工程造价争议评审机制的优势,根据法律法规、行政及行业主管部门的相关规定,制定本规范。

1.0.2 本规范为团体标准,适用于中华人民共和国境内的建设工程项目所产生的工程造价争议的解决,由当事人自愿选择适用。中华人民共和国境外的建设工程项目,所产生的工程造价争议的解决,当事人可选择适用本规范。

1.0.3 合同当事人可以事先约定评审规则;没有约定评审规则的,适用本规范。

1.0.4 争议评审的工作语言文字为中文。当事人约定使用少数民族地区语言文字或者外国语言文字的,应承担翻译等相应费用。争议评审书面结论以中国的汉语简体语言文字为准。

1.0.5 除当事人另有约定,争议评审在评审机构所在地进行,当事人约定其他争议评审地点的,应承担额外增加的费用。

1.0.6 本规范期间的计算方法依照《中华人民共和国民法典》第十章期间计算规定执行。

1.0.7 评审机构发送的各项通知及书面文件,可以采用邮寄、传真、电子邮件、短信、微信等方式送达。

1.0.8 工程造价争议评审机构、评审人员的评审行为应符合法律法规、行政及行业主管部门相关规定及本规范的要求。

2. 术语

2.0.1 工程造价争议 dispute over construction cost

是指当事人在履行建设工程合同时,因对合同内容的理解和客观事实的认定存在分歧,而对相关工程造价的认定产生了偏差,且不能协商一致的情形。

2.0.2 争议评审 dispute adjudication

是指当事人发生造价争议时,根据当事人约定或经人民法院、仲裁委员会委托,将争议提交评审机构进行评审,并由评审机构出具评审决定的争议解决方式。

2.0.3 评审机构 institution of adjudication
是指受理工程造价争议评审工作的非营利性社会组织。

2.0.4 评审员 adjudicator
是指由当事人选定或评审机构根据当事人委托指定的符合本规范资格要求的专业人员。

2.0.5 首席评审员 chief adjudicator
是指由三人及以上组成了争议评审小组时，由当事人共同确定或由评审机构指定的争议评审小组负责人。

2.0.6 评审小组 dispute adjudication board
是指由当事人选定或评审机构根据当事人委托指定评审员组成的临时工作机构。

2.0.7 独任评审员 sole adjudicator
是指当事人约定由一名评审员进行争议评审工作时，由当事人共同选定或者共同委托评审机构指定的评审员。

2.0.8 评审意见 adjudicator opinions
是指评审小组成员在评审过程中对争议事项的处理方式或结果发表的个人意见。

2.0.9 评审决定 adjudication decision
是指评审小组按本规范做出的结论性意见。

3. 基本规定

3.1 争议评审组织

3.1.1 受理工程造价争议评审业务的评审机构必须是工程建设领域或与工程建设相关的社会组织，包括各级行业协会、商会、专业机构、专门成立的非营利社会组织等。

3.1.2 争议评审工作可以由一名评审员实施，也可由三名及以上单数评审员组成评审小组实施。

3.1.3 独任或首席评审员负责争议评审的组织、实施。独任或首席评审员由争议各方共同选定或共同委托评审机构指定。

3.1.4 评审机构对评审员实行名册管理制度，评审员在入册前和任职期间，应当接受其所在评审机构组织的业务培训。当事人协商一致的，也可以在该名册外选择评审员，评审员应达到本规范资格要求条件。

3.2 评审原则

3.2.1 工程造价争议评审应当遵循合法、公平、独立、自愿、诚实信用的原则。

3.2.2 工程造价争议评审应符合法律、法规的规定，不得损害国家利益、社会公共利益和他人合法权益。

3.3 评审依据

3.3.1 工程造价争议评审依据当事人提交的证据和专业技术标准进行，证据的提交程序不得违反法律、法规的强制性规定。

3.3.2 当事人提交的证据包括以下主要内容：

1. 合同类文件。工程总承包合同、施工总承包合同、专业或劳务分包合同、补充合同、采购合同、租赁合同等。

2. 招标投标类文件。中标通知书、投标文件、招标文件、澄清函或答疑文件等。

3. 标准、规范及有关技术类文件。需要特别表述的标准、规范及有关技术类文件清单、施工方案及其他技术类有关文件。

4. 图纸类文件。施工图或竣工图、施工图会审记录、设计变更等。

5. 造价类文件。工程量清单、投标报价书或报价单、施工图预算书或招标控制价等。

6. 签证类文件。会议纪要、工程变更、工程签证、工程洽商等有关通知、信件、数据电文等。

7. 工程验收类文件。隐蔽工程验收记录、中间验收记录、竣工验收记录等。

8. 政策性文件。建设期内影响合同的法律、法规和规范性文件；

国务院建设行政主管部门以及各省、自治区、直辖市和有关部门发布的工程造价计价标准、计价办法、有关规定及相关解释。

9. 当事人提供的与争议评审相关的其他证明材料。

3.3.3 受人民法院或仲裁机构委托进行争议评审的，需提供起诉状、答辩状和鉴定意见。

3.3.4 评审员应自行收集与争议事项相关的标准、规范，技术经济指标以和生产要素价格。若工程合同约定的标准、规范不是国家或行业标准，则应由当事人提供。

3.3.5 根据评审需要，评审小组可以询问当事人、证人，询问笔录经核实后可以作为评审依据。

3.4 评审员

3.4.1 具有建设工程合同、法律和建设工程造价专业实务经验、品行良好、公道正派、热心争议评审工作并具有一定沟通协调能力的人员，经过评审机构进行争议评审实务和相关知识的培训后，可申请成为工程造价争议评审员。

3.4.2 评审员实行推荐名册制度。当事人在名册之外选择评审员，须经对方同意，同时应符合3.4.1条规定。

3.4.3 评审员应根据自己的专业判断独立发表意见。评审员有将不同意见要求记录备案的权利，但必须在评审小组最终形成的评审决定上签字。

3.4.4 评审员不得有下列行为：

1. 违法出具评审意见；
2. 接受当事人请托或收受财物；
3. 泄露评审过程或内容；
4. 其他违反职业道德的行为。

3.4.5 评审员履行评审职责过程中，对评审过程和评审事项负有保密义务，除按照《评审员协议》的约定或本规范规定履行评审职责外，评审员不得向当事人提供与评审意见无关的纠纷处理建议。在评审活动进行中或评审活动结束后，评审员不得在评审争议所涉项目的诉讼、仲裁程序中作为人民陪审员、仲裁员、鉴定人、证人或者代理人、专家辅助人，也不得担任当事人顾问。

3.4.6 评审员有下列情形之一的，当事人有权申请其回避：

1. 是一方当事人或者其代理人近亲属；

2. 与争议事项的处理结果有利害关系；

3. 接受了当事人、代理人的请客、送礼；

4. 与争议当事人、代理人有其他关系，可能影响公正评审；

5. 法律法规规定回避的其他情形。

评审员有上述情形的，应当自行回避；但是当事人共同同意由该评审员评审的除外。

3.4.7 评审员在法律或者事实上不能正常或者适当履行评审小组成员职责的，应当自行申请退出评审小组。除非当事人另有约定，在接替的评审员产生之前，评审小组应当中止工作。

4. 评审内容

4.1 一般规定

4.1.1 评审内容应为合同履行过程中合同当事人所产生的有关工程计量与计价的争议。

4.1.2 当事人不能将仲裁裁决书或司法判决书、裁定书的内容提起评审，不能将主管部门对计价依据的解释内容提起评审。

4.1.3 提请评审的争议应当真实存在，不能将假设争议或者变造合同当事人名称等内容后提起评审。

4.1.4 当事人应当配合评审工作，并提供必要的条件。

4.2 争议评审范围

4.2.1 现行《建设项目工程总承包合同（示范文本）》(GF-2020-0216) 通用条款 20.3 条与现行《建设工程施工合同（示范文本）》(GF-2017-0201) 通用条款 20.3 条中所指"争议评审"的项目和内容，以及其他建设工程合同中有关争议解决条款中所指"争议评审"的项目和内容。

4.2.2 合同当事人在合同履行或工程结算过程中,对具体造价咨询意见持有的异议,不能协商解决而影响工程施工进度或结算进展的。

4.2.3 在司法鉴定过程中,当事人对工程造价鉴定中的专门性问题存在争议,人民法院、仲裁委员会认为必要,予以委托的。

5. 评审程序

5.1 评审申请

5.1.1 建设工程当事人在争议发生时,可以根据约定,按照本规范共同向评审机构提出《争议评审申请书》(格式参见附录A)。

申请书应包括下列内容:

1. 各方当事人信息;
2. 项目名称;
3. 争议焦点及各方当事人对争议事项的请求;
4. 涉及定额管理部门工作情况;
5. 评审决定效力;
6. 证据材料目录;
7. 评审小组和评审员的确定方式;
8. 评审费用的承担方式;
9. 附件:包括项目概况、与争议相关的合同、图纸以及其他证明材料等。

上述书面材料一式二份,并提供电子版。

建设工程当事人共同提出争议评审申请的,《争议评审申请书》应由当事人共同签署。

5.1.2 建设工程当事人单方面提出申请或委托的,申请书应包括下列内容(格式参见附录A):

1. 委托人信息;
2. 受理争议评审工作的机构全称;
3. 委托评审的具体争议事项;

4. 涉及定额管理部门工作情况；

5. 评审决定效力约定；

6. 与评审事项有关的基本情况；

7. 与争议有关的材料目录；

8. 评审费用支付方式；

9. 争议评审决定书发送方式及各方当事人信息；

10. 附件：包括项目概况、与争议相关的合同、图纸以及其他证明材料等。

上述书面材料一式二份，并提供电子版。

建设工程当事人单独提出争议评申请的，《争议评审申请书》应由提出申请的当事人进行签署。

5.1.3 人民法院或仲裁委员会可以依职权向评审机构出具《争议评审委托书》。

5.2 争议评审受理

5.2.1 工程造价争议评审由评审机构根据当事人的申请受理。

5.2.2 工程造价争议评审申请可以由评审机构在网上受理。

5.2.3 评审机构应在收到《争议评审申请书》3个工作日内做出是否受理的决定，不予受理的应向申请人说明理由。同意受理的出具《争议评审受理通知书》（格式参见附录B）应包括下列内容：

1. 同意接受申请的意思表示；

2. 评审机构及联系方式；

3. 选定评审员，评审小组的组成方式和组成期限；

4. 评审费用及支付方式；

5. 应当写明的其他事项。

5.2.4 评审机构受理单方提交的《争议评审申请书》后，应将《争议评审受理通知书》与《评审员名册》《评审规则》转发给其他相关当事人。当事人应当自收到评审机构转发的《争议评审受理通知书》后5日内，提交以下材料：

6. 针对争议请求的书面答辩书；

7. 与争议事项相关的文件和证据材料；

8. 选定评审员的通知书或委托评审机构代为选定的委托书。不提交答辩书的，不影响评审程序的进行。

5.2.5 具有下列情形之一，评审机构应不予受理：

9. 争议事项超出评审机构业务范围的；

10. 争议事项超出评审机构评审员专业能力的；

11. 争议诉求不明确的；

12. 损害国家、集体或他人利益的；

13. 违反法律、行政法规强制性规定或公序良俗的；

14. 其他不予受理的情况。

5.3 成立评审小组

5.3.1 评审小组由当事人选定或评审机构指定的评审员组成，在选定或指定评审员以后即告成立，《评审小组成员名单》（格式参见附录C）应载明评审员的姓名、执业资格、专业及技术职称等。

5.3.2 除另有约定，当事人应当在收到《受理通知书》后5个工作日内，选定或委托评审机构指定评审员。

选择一名争议评审员的，由合同当事人共同选定或共同委托评审机构指定；选择三名，各自选定一名，第三名成员由合同当事人共同确定或由合同当事人共同委托评审机构指定，为首席争议评审员；选择三名以上的，以此类推。

5.3.3 在选定和指定评审员时，应当充分考虑项目性质、所需评审员的专业特长、行业经验、语言能力以及当事人的特殊要求等情况。当事人对评审员条件有特殊要求的，应当书面予以说明。

5.3.4 除非当事人另有约定，评审小组的权利包括：

1. 决定评审程序及时间安排；

2. 召开调查会、组织现场勘验，证据核实认定、决定与评审工作有关的程序事宜；

3. 要求当事人提交补充证据材料和书面意见；

4. 在当事人缺席的情况下继续评审程序并出具评审决定；

5. 采取其他必要措施，保证评审程序顺利进行。

5.4 召开评审会议

5.4.1 评审小组应当自受理争议评审申请 10 日内召开评审会议，并将会议时间、地点等相关事项提前通知当事人，当事人认为必要可以委托专业技术人员参加会议。

5.4.2 除非各方当事人同意，评审会议不得在任何一名评审员缺席的情况下召开。经各方当事人同意后，评审会议可以延期召开。

5.4.3 评审会议由首席评审员或独任评审员主持。会前应当告知各方权利义务、评审规则、评审程序、评审决定的效力、支持和解、调解等事项。

5.4.4 评审会议应尊重各方权利，给予各方充分发表意见的时间。

5.4.5 评审员应详细审查争议事项和有关证据，根据自愿和合法原则，评审小组可以采用多种有利于争议解决的方式化解争议。

5.4.6 评审会议上评审员不得发表可能加剧双方争议的言论和观点。

5.4.7 当事人可以委托代理人参加争议评审会议。没有当事人参加会议时，其代理人的委托权限应当书面明确。

5.4.8 评审过程中，评审小组根据评审需要可以组织专题调查会议或是专题评审会议。评审组在会议上给出的任何意见或建议，无论是口头的还是书面的，对当事人不具有约束力，评审组在之后的争议评审程序或决定中也不受此类意见或建议的约束。

5.5 证据核实

5.5.1 在当事人对施工环境或现场状态描述不同，并且在评审会议上不能够形成一致意见时，评审小组可以决定进行现场勘验，由此产生的费用由各方当事人承担。

5.5.2 评审小组对特别复杂、疑难、特殊技术、特殊专业等问题或评审意见有重大分歧时，可以建议当事人委托第三方专业机构进行核实。

5.5.3 评审小组成员对主要材料、设备等的市场价格存在分歧而不能形成一致的评审决定时，应在不增加当事人成本的前提下进行调查。

5.6 形成评审决定

5.6.1 评审小组能够促使当事人达成一致意见时，应当以当事人达成的一致意见作为评审决定。

5.6.2 当事人不能达成一致意见的，以评审小组能够形成的统一意见做出评审决定。

5.6.3 评审小组在不能形成统一意见时，应当进行进一步研讨，以多数意见作为评审决定。无法形成多数意见或评审员之间争议较大的，首席评审员应当中止本次评审会议，暂缓出具评审决定。

5.6.4 在暂缓出具评审决定以后，首席评审员认为有必要，可以向评审机构提出增加评审员人数并再次召开调查会议或者专题评审会议的建议。

5.6.5 评审机构同意增加评审员人数时，由当事人共同选定或委托评审机构在《评审员名册》中指定增加的评审员，并保证评审小组成员数量为超过3人的单数。

5.6.6 首席评审员应在新的评审小组全体评审员都参加的情况下，召开调查会议或专题评审会议，在所有评审员都充分发表意见以后，总结提出最终评审决定，同时将不同意见详细记录。

5.6.7 除当事人对评审决定出具期限另有约定的，评审决定应当在最后一次评审会议结束后5个工作日内做出。

纠纷较为复杂、各方争议较大等情形下，在当事人约定的期限或5个工作日内实难做出的，评审决定期限可适当延长，但最长不得超出评审会议结束后30个工作日。

5.6.8 评审小组的全体评审员都应当在评审决定上签字。保留意见的评审员有权将个人意见记录备案，但不得向评审小组成员以外的人员透露。

5.6.9 当事人在评审程序中可以自行和解，也可以要求评审小组主持调解。当事人在评审程序中达成和解或者调解成功的，当事人可以就此签订和解协议或调解协议；未达成和解或者调解未成功的，评审小组和各方当事人在评审程序中均不受其在和解或者调解过程中发表的口头或书面意见约束。

5.6.10 除当事人有约定的，重大、疑难争议，不宜适用独任评审。争议评审过程中，由独任评审员提出，或由当事人一方或双方申请，经评审机构同意的，可由独任评审转为评审小组评审。

6. 评审决定

6.1 评审决定书

6.1.1 评审决定书的语言表述应符合下列要求：

1. 使用符合国家通用语言文字规范、通用专业术语规范和法律规范的用语，不得使用文言、方言和土语；

2. 使用国家标准计量单位和符号；

3. 文字精练，用词准确，语句通顺，描述客观、清晰。

6.1.2 《评审决定书》（格式参见附录 D）应当记载以下内容：

1. 案情摘要：写明委托评审事项的简要情况。

2. 无争议事实：重点摘录有助于说明评审意见的客观事实和双方确认的证据材料内容。

3. 争议焦点：主要描述合同当事人各自的诉求、依据和观点。

4. 分析说明：阐述当事人诉求获得支持或否定的理由和因果关系，说明根据现有证据材料形成评审决定的分析、鉴别和判断过程。包括证据材料采信、核实程序、所用技术方法、标准和规范等，引用材料应客观全面并注明出处。

5. 评审决定：应当明确、具体、规范、具有针对性和可行性。

6. 提示评审决定产生效力的条件：双方当事人在执行评审决定前应当依据评审决定签订补充协议，或由双方当事人明确表示直接受该评审决定约束。

7. 附注：对评审决定书正文中需要解释的内容，可以在附注中做出说明。

8. 落款：全体评审员签名，加盖评审机构公章，并注明日期。

6.2 评审决定的效力

6.2.1 单方面提出的争议评审，评审决定经双方签订补充协议后对双方产生约束力。

6.2.2 评审决定自当事人收到之日起依据约定产生效力。

6.2.3 任何一方当事人不接受争议评审小组的评审决定或不履行评审决定的，均可选择采用其他方式解决争议。

6.2.4 人民法院或仲裁委员会委托的，由委托机构根据法律法规规定决定争议评审决定的效力。

7. 档案管理

7.1 基本要求

7.1.1 评审机构应当建立档案工作责任制，依法健全档案管理制度。档案收集、整理、保护、利用及其监督管理活动应符合相关规定。

7.1.2 档案中包含照片、录音（像）带、电子文件等特殊载体的，应当注明该档案材料的提交单位、制作人、制作时间、制作说明与其他相关的评审档案的参见号，并适用符合保管要求的档案装具单独整理存放，以延长其使用年限。

7.1.3 卷内材料的编号及案卷封面、目录和备考表的制作应符合相关要求。

7.1.4 案卷应当做到材料齐全完整、排列有序，标题简明确切，保管期限划分准确，装订不掉页不压字。

7.1.5 档案管理人对已接受的案卷，应按保管期限、年度顺序、争议类别进行排列编号并编制《案卷目录》、计算机数据库等检索工具。涉密案卷应当单独编号存放。

7.1.6 出具书面《评审决定》的档案，保存期一般为8年。

7.2 档案内容

7.2.1 下列材料应整理立卷并签字后归档：

1. 争议评审申请书或争议评审委托书；
2. 评审过程中形成的文件资料；
3. 评审决定书；
4. 评审员个人意见底稿；
5. 送达回证；
6. 现场勘验报告、测绘图纸资料；
7. 需保存的证据资料；
8. 其他应归档的特种载体资料。

7.2.2 需退还申请人的证据材料，应复印或拍照存档。涉及国家秘密、商业秘密、个人隐私的材料存档，应确保符合相关规定。

7.2.3 评审档案应纸质版与电子版双套归档。

7.3 查阅或借调

7.3.1 评审机构应根据国家有关规定，建立评审档案的查阅、借调制度。

7.3.2 司法机关因工作需要查阅或借调评审档案的，应出具单位函件，并履行登记手续。

7.3.3 其他国家机关依法需要查阅或借调评审档案的，应出具单位函件、经办人工作证，经评审机构负责人批准，并履行登记手续。

7.3.4 除当事人以外，其他单位和个人不得查阅评审档案，因特殊情况需要查阅的，应出具单位函件，出示个人有效身份证明，经评审机构负责人批准，并履行登记手续。

7.3.5 评审员查阅评审档案，应经评审机构负责人同意，履行登记手续。

7.3.6 除涉及国家机密、商业秘密、个人隐私的外，经评审机构负责人同意，卷内材料可以摘抄或复制。复制的材料，由档案管理人核对后，注明"复印件与案卷材料一致"的字样，并加盖评审机构印章。

附录 A 争议评审申请书文件格式
争议评审申请书

当事人信息	×××当事人			
	地址			
	联系人		电话	
	×××当事人			
	地址			
	联系人		电话	
项目名称				
争议焦点	争议焦点： ×方意见： ×方意见：			
评审决定效力	1：由评审机构组织专家进行评审，双方同意按照评审决定执行。 2：基于当事人双方合同之约定，评审决定出具后依其执行。 3：先行评审，是否执行评审决定，在执行前当事人双方另行签订协议。			
证据材料名称				
独任评审员/ 争议评审 小组的确定	□当事人双方共同选定一名评审员进行独任评审。 □当事人双方共同委托评审机构选定一名评审员进行独任评审。			
	以选择三名评审员组成评审小组为例： □当事人各自选定一名评审员，并共同委托评审机构指定第三名评审员作为首席评审员组成评审小组。 □共同委托评审机构选定三名评审员组成评审小组。			
评审费用承担方式/支付方式				
申请人签章	单位名称：（盖章） 负责人（签字）：		单位名称（盖章）： 负责人：（签字）	

附录B 争议评审受理通知书文件格式
争议评审受理通知书

申请人	×××申请人			
	×××申请人			
项目名称				
受理决定	已受理你（们）关于_____的争议评审申请。			
受理单位及联系方式			地址	
	联系人		电话	
	邮箱		网络受理平台	
独任评审员/争议评审小组的确定	□当事人双方共同选定一名评审员进行独任评审。 □当事人双方共同委托评审机构选定一名评审员进行独任评审。			
	以选择三名评审员组成评审小组为例： □当事人各自选定一名评审员，并共同委托评审机构指定第三名评审员作为首席评审员组成评审小组。 □共同委托评审机构选定三名评审员组成评审小组。			
评审费用				
评审机构签章	评审机构：（盖章）　　　　负责人（签字）：			

附录C 评审小组成员名单文件格式
独任评审员/评审小组成员名单

当事人:			
（评审机构名称）已受理你们关于的争议评审申请，独任评审员/组成的评审小组如下：			
姓名	职称	执业资格	备注

首次争议评审拟定时间： 年 月 日；

评审地点：

联系人： 联系电话： 邮箱：

评审机构名称：（盖章）
年 月 日

附录 D 评审决定书文件格式
争议评审决定书

编号：

申请人 1：
申请人 2：

1. 案情摘要：写明委托评审事项的简要情况。
2. 无争议事实：重点摘录有助于说明评审意见的客观事实和双方确认的证据材料内容。
3. 争议焦点：主要描述合同当事人各自的诉求、依据和观点。
4. 分析说明：阐述当事人诉求获得支持或否定的理由和因果关系，说明根据现有证据材料形成评审决定的分析、鉴别和判断过程。包括证据材料采信、核实程序、所用技术方法、标准和规范等，引用材料应客观全面并注明出处。
5. 评审决定：应当明确、具体、规范、具有针对性和可行性。
6. 提示评审决定产生效力的条件，建议当事人在执行评审决定以前签订补充协议。

评审员：（签字）

评审机构名称： （盖章）

年 月 日

（二）《建设工程造价争议评审规范》条文说明

1. 总则

1.0.1 《最高人民法院关于审理建设工程施工合同纠纷案件适用法律问题的解释（一）》（法释〔2020〕25号）第三十条"当事人在诉讼前共同委托有关机构、人员对建设工程造价出具咨询意见，诉讼中一方当事人不认可该咨询意见申请鉴定的，人民法院应予准许，但双方当事人明确表示受该咨询意见约束的除外"的规定，便是对"争议评审"当事人自愿原则的体现和要求；另在《建设工程施工合同（示范文本）》（GF—2013—0201）、《建设工程施工合同（示范文本）》（GF—2017—0201）、《建设项目工程总承包合同（示范文本）》（GF—2020—0216）等示范文本中，亦引入了"争议评审"制度。有基于此，制定了本规范。

1.0.2 本规范的适用基本原则为自愿，不具有强制性；工程造价争议评审，未约定适用规范的，无论是否我国境内外工程，都可参照适用。

1.0.4 涉及争议评审的当事人，如一方或各方为境外企业或个人，在争议评审过程中需提供必要的语言翻译服务时，该费用由当事人自行承担。

1.0.5 评审争议地点以当事人约定为先，当事人未约定的，评审机构有义务提供评审场所，且本规范明确为评审机构所在地。但是当事人约定了其他地点的，由此增加的费用应由其自行承担，评审机构不予承担。

1.0.7 评审员可以自行选择发送通知及书面文件的方式，但宜采用邮寄或电子邮件等相对固定的方式。联系方式应使用《争议评审申请书》中当事人预留的信息。

2. 术语

2.0.1 工程造价争议主要是指当事人之间因履行合同而发生的工

程价款和工期争议，也包括当事人与合同主体外的潜在利益第三方之间因经济权利和经济义务的矛盾，同样还包括当事人与其他组织机构或行政机关之间所发生的涉及经济内容的纠纷。例如：在履行工程造价咨询服务合同中遇到的造价争议搁置问题，审计机关在经济责任审计中发现的工程造价差错等都可能产生工程造价争议。

2.0.2 争议评审是一种国际通行的纠纷解决方式，具有专业、独立、简便、快捷、成本低、当事人自愿等优势。通过第三方的专业优势及时解决争议，防止争议扩大化。"争议评审"是我国多元化纠纷解决机制的重要的组成部分。

2.0.3 评审机构在争议评审工作中应承担以下职责：

1. 受理争议评审申请；

2. 组织评审专家进行业务培训，定期进行考评，提供评审员名册；

3. 根据当事人委托代为指定评审员，监督评审员开展工作；

4. 管理评审案件流程并统计相关数据；

5. 提供必要场所、办公设施等相关服务；

6. 组织开展争议评审业绩评估工作；

7. 承担其他与争议评审有关的工作。

2.0.4 评审员的产生有两种方式：当事人选定和评审机构根据当事人委托指定。

2.0.5 评审机构指定首席评审员亦以当事人委托为前提，没有当事人共同委托的，评审机构无权指定。

2.0.6 评审小组是执行评审事务的工作机构，由选定的全体评审员组成。

2.0.7 独任评审员只能是当事人共同选定或共同委托评审机构选定。

3. 基本规定

3.1 争议评审组织

3.1.1 建设工程造价争议评审机构必须是建设工程领域内或与工程建设相关的社会组织。例如律师事务所、工程造价咨询企业等发起设立的非营利性社会组织，营利性社会组织从事争议评审工作，需要法律的进一步明确。

3.1.4 评审机构应建立完善的"评审员名册"管理制度和资格认定条件标准。

建立完善的奖罚机制。对名册人员实行周期动态管理，有明确的准入退出机制，保证评审人员的专业素质和技术水平胜任评审工作开展的要求。

评审机构对评审员的评审工作进行监督和业务指导；对评审员的评审质量和业绩进行评估同时进行档案管理；定期组织开展评审员技术培训、考核工作；对表现突出的评审员给予物质或者荣誉奖励，并及时更新名册信息。

3.2 评审原则

3.2.1 争议评审过程中当事人的身份和地位平等；争议评审的委托是当事人的自愿行为，不得强制评审，也不得将评审决定强加给当事人；但是进入评审程序以后，当事人不能单方面阻止评审小组出具评审决定。

3.2.2 争议评审虽然注重意思自治，但是不得通过评审活动损害他人利益，一旦发现有虚假评审的情形，应立即终止评审程序，对违反法律的行为应报告有关部门处理。

评审决定应以尊重当事人的意思自治和允诺禁止反言为基本原则，不支持当事人从违约行为中获得利益。在缺少明确约定的情况下，评审应当遵守国家、地方和行业现行的规范、标准，并尊重当时当地的行业惯例。

3.3 评审依据

3.3.1 工程造价争议评审与仲裁方式类似，首先尊重当事人的意思自治，依据当事人提交的证据资料作为判断依据，提交证据的程序应当科学、合理,并不得违反法律法规强制性规定。

3.3.2 本规范列举的证据类别不全,应根据具体案件由当事人自主提供。争议评审过程也是不断完善证据的过程。

3.3.3 争议评审员应具有丰富的专业知识和执业经验,对于具体争议项目应自备或自行收集相关数据。

3.3.4 鉴于建设工程的专业特性,评审员在证据缺失或矛盾的情况下,要以行业规定、行业惯例、习惯做法等作为基本标准做出专业判断,要考虑非专业人员可能存在的概念误解。

3.4 评审员

3.4.1 该条款对评审员的资格进行了要求。各评审机构可制订具体的评审员管理办法。评审员的一般基本要求如下:

1. 具有良好的职业道德,品行正直、廉洁自律,遵纪守法,无行贿、受贿、欺诈等不良信用记录;

2. 具有较高的专业水平且有从事相关领域工作经验;

3. 熟悉国家政策法规,熟知申请专业的相关行业,能够胜任评审相关工作;

4. 承诺以独立身份参加评审工作,依法履行评审专家工作职责并承担相应法律责任的中国公民;

5. 身体健康,年龄不超过70周岁,能够正常参加评审活动;

6. 自愿接受相关部门的监督管理;

7. 一般情况下工程造价争议评审员应当具有一级造价工程师职业资格,相关专业的专家担任评审员应自信具备胜任评审工作的能力。

8. 当事人对评审员资格另有约定的,从其约定。

3.4.2 当事人自行选定名册外的评审员时,双方应协商一致,建议签订《评审员协议书》对必要事项作出约定。必要事项包括争议评审范围、工作内容、评审决定效力、评审员报酬的计算方式和标准等。

4. 评审内容

4.1 一般规定

4.1.1 争议评审的内容应当具体，不能申请对计价依据和计价办法等非具体争议内容进行评审。

4.2 争议评审范围

4.2.3 《关于规范全省司法鉴定活动优化执业环境的意见》（鲁司〔2019〕84号）第九条规定："完善争议解决机制。办案机关应当不断提高技术人员的能力水平，做好鉴定意见采信的审核工作。对于有争议的鉴定意见，办案机关根据法律规定，可以启动司法鉴定人出庭质证或重新鉴定。对于特别复杂、疑难的鉴定事项以及多次鉴定意见差异较大的，办案机关可以书面委托同级司法鉴定行业协会组织专家进行论证，并提供咨询意见"。规定争议评审适用于司法鉴定程序。在诉讼或仲裁过程中，人民法院或仲裁委员会接受当事人申请、征得双方当事人同意或者认为有必要时，可以将双方争议较大、多次鉴定结论不同等事项，交由行业协会组织专家进行评审。

5. 评审程序

5.1 评审申请

5.1.1 评审机构推荐当事人选用《评审员名册》中专家作为评审员。当事人如确定选用《评审员名册》外的评审员，应提交该专家的相关资料和有效联系方式。相关资料应包含工作单位、工作履历、学历、专业、职业资格、技术职称、业绩荣誉等能胜任争议评审工作的必要资格条件信息。

5.1.3 人民法院或仲裁委员会向评审机构出具《争议评审委托书》时，可以征求当事人的意见，也可参照依职权委托司法鉴定的方式做出。

5.2 评审受理

5.2.1 当事人除委托评审机构组织评审以外，也可以自行选定评审员就争议问题进行评审，此时应与评审员签订《评审员协议》就争议评审内容、评审地点、评审规则、评审决定效力、报酬等内容进行事前约定。

5.2.3 受理通知书中要约定评审费标准。依申请人约定分担，应于争议评审受理后、争议决定出具前支付给评审机构。

评审费用标准由评审机构根据地区经济发展水平单独确定。查看现场的交通费和专业咨询费用不包括在评审费内。

5.4 召开评审会议

5.4.1 专业技术人员包括设计单位、勘察单位、代建单位、项目管理单位、监理单位、造价咨询单位等熟悉现场情况的人员。

5.4.4 评审会议主持人员应给予各方当事人必要合理的陈述机会，并避免不必要的拖延和费用支出。评审会议应以《会议纪要》的形式记录会议过程内容，经各方签字并纳入档案管理。

5.4.5 评审小组及其成员可以单独会见当事人，但是要做必要的录音、录像确保不给对方造成偏袒的错觉。

5.4.6 评审时需要对当事人的意见和证据提出相反的解释说明或否定时，应当采用背对背的方式进行，以避免扩大争议和加固对方的诉求。

5.4.7 当事人的代理人应优先考虑争议事项建设工程的实际管理者或是其他参与人员。应具备一定的合约、施工、造价等专业技术经验，利于争议工作的开展。没有当事人参加会议时，其代理人的委托权限应当包括代为和解在内的特别授权。

5.5 证据核实

5.5.1 为核实争议，评审小组可以决定进行现场勘验、技术咨询等方式。

5.5.3 评审机构应负责提升其《评审员名册》内评审员的业务能力，名册内评审员的专业能力提升和内部资料补充等需求由评审成员自己或评审机构协助解决，不能增加当事人的负担。

5.6 形成评审决定

5.6.2 评审小组形成统一意见的过程一般要在回避当事人的场合下进行。

5.6.3 多数意见应达到小组人数的三分之二。

5.6.4 首席评审员认为必要再次召开评审会议时,应当在决定当日向评审机构书面写明原因和申请增加评审员的人数及其他技术支持的要求。

5.6.5 评审机构同意增加评审人员应同时告知各方当事人。首席评审员申请增加评审员的情况原则上不应超过 2 次。

5.6.7 首席评审员负责评审决定的最终核定工作。评审决定必须经由评审小组全体人员共同审阅。一般情形下,当事人对评审决定出具期限另有约定的,从其约定;若当事人约定的期限过短的,评审小组可适当延长,但应当通知当事人并说明理由。

5.6.8 评审员的保留意见单独记录备案,不在评审决定书中体现。

5.6.9 评审机构及评审小组鼓励当事人达成和解。本规范当事人解决争议的选择顺序为:和解、调解、出具争议评审决定。

6. 评审决定

6.2.1 本章规定了评审决定的语言和内容等基本要求,评审决定书必须经当事人达成明确合意才能生效,当事人不认可评审决定时有采取其他方式解决的权利。

6.2.2 评审决定自当事人依据评审决定签订补充协议之日起产生效力;当事人约定直接受评审决定约束的,自评审决定出具之日起产生效力。

7. 档案管理

7.1 基本要求

7.1.1 档案管理制度应当涉及档案管理的全流程,即包括档案形成过程的收集、整理工作,也包括后续档案的保护、利用工作,每个阶段的规范性都应予以重视。

7.1.2 档案管理过程中由于某些特殊档案与常规文件的载体不同,作为档案被管理的方式也不同,对此应当采取列举式加概括式的规定，凡是非常规纸质文件的视听资料和电子数据都应当单独整理存放，并在整理过程中做适当的标注，明确其保存的安全性，及与档案案卷主体的相关性。

7.1.3 档案管理工作是评审工作不可分割的组成部分，保证案卷资料的规范性，能够进一步确保档案的完整与完全。本条中的相关要求包括国家对企业档案管理的规范性要求，法律、法规对档案文件保密性的要求等。

7.1.4 本条是对案卷材料形成、保存标准的整体性要求，案卷制作要保证完整、准确、系统以确保文件自身的规范性，方便后续档案文件的调用查证。

7.1.5 本条是档案管理系统性的要求，档案管理人进行档案编号的过程要充分注重档案之间的关联性，确保档案编号具有科学性，档案类目设置要科学简明，便于科学管理与利用。同时档案管理要借助数据化工具，通过档案数据库等方式，提高档案调用利用的效率。

7.3 查阅或借调

7.3.6 档案利用人复制材料应当经过严格的审核，确保不存在利益冲突且经管理人核对后才可进行复制。

第二节 评审员管理办法实例

根据工作需要，山东省工程建设标准造价协会编制了《工程造价争议评审员名册》，为规范评审员的聘任、培训、行为考察及续展认证的管理，制定了《工程造价争议评审员管理办法》。

第一章 总 则

第一条 为加强对山东省工程建设标准造价协会工程造价争议评审员的聘任、培训、行为考察及续展认证的管理，规范争议评审员的执业行为，山东省工程建设标准造价协会工程造价纠纷调解委员会

（以下简称"调解委员会"）根据山东省工程建设团体标准《建设工程造价争议评审规范》（以下简称"《争议评审规范》"）《工程造价争议评审员守则》（以下简称"《争议评审员守则》"），制定本办法。

第二条 调解委员会负责工程造价争议评审员的管理工作。

第二章 争议评审员的聘任

第一节 必备条件

第三条 成为工程造价争议评审员须具备的基本条件：

（一）符合《争议评审员守则》规定的条件，有良好的政治、业务素养，遵守法律法规，维护国家和社会公共利益，维护当事人的合法权益；

（二）遵守本规则、《争议评审规范》《争议评审员守则》和调解委员会的相关规定；

（三）品行端正、公道正派、认真勤勉、注重效率；

（四）具有大学以上（含大学）学历或同等学历；

（五）身体健康，有相应的时间和精力从事调解工作；

（六）年龄原则上在 65 岁以下，但健康状况良好、调解经验丰富，或者为调解委员会工作所需的特殊专业人士，年龄可适当放宽。

第四条 成为争议评审员须具备的专业条件：

（一）在工程建设领域从业至少 10 年；

（二）具有建筑工程或经济管理中、高级及以上职称或同等专业水平；

（三）具有工程建设造价管理、工程监理的执业资格、职业资格、会员资格或同等能力证书；

（四）熟悉建筑法律、法规，精通所从事的行业规范、专业知识，能够进行建设工程合同争议评审工作。

第五条 有以下情形之一的，不能成为争议评审员：

第二章 革故鼎新

（一）曾受过刑事处罚的；

（二）因违法违纪行为被国家机关、事业单位辞退的；

（三）被相关行业主管机关或者行业协会吊销职业资格或者执业证书的；

（四）因弄虚作假、欺诈等失信行为被追究法律责任的；

（五）存在其他产生严重不良社会影响行为的。

第二节 申请与资格审查

第六条 申请成为争议评审员的申请人，应当向协会调解委员会提交书面申请。

第七条 调解委员会对申请人进行资格审查，通过的申请人将作为拟任争议评审员参加准入培训。

第三节 准入培训

第八条 准入培训即拟任争议评审员应完成不少于40小时的训练课程，该课程必须经调解委员会认可。

第九条 拟任争议评审员符合以下条件，经调解委员会批准后，可免于准入培训：

（一）具有仲裁或调解经验的资深会员；

（二）担任仲裁机构的建筑工程仲裁员3年以上。

第四节 聘 任

第十条 拟任争议评审员应向调解委员会提交三年内的准入培训合格证书，并由两名在任评审人员推荐，在任评审人员须就该拟任争议评审员已具备胜任争议评审员能力作出书面评价。

第十一条 调解委员会秘书处对拟任争议评审员的申请进行初步审查后，报调解委员会主任会议审议、通过。

第十二条 对聘任的争议评审员，调解委员会将颁发争议评审员聘书，并将其列入争议评审员名册。

第十三条 争议评审员的任期

（一）争议评审员的任期为四年，自聘书签发之日起计算；

（二）争议评审员在聘任期内如工作、通讯地址、联系电话等个人信息发生变化的，或有长期出国等情形的，应及时通知调解委员会秘书处进行更改。

第三章 争议评审员工作规范

第十四条 争议评审员应当遵纪守法，公道正派，廉洁自律，严格遵守《争议评审员守则》《争议评审规范》和本规则。

第十五条 有下列情形之一的，争议评审员应当主动不接受当事人的选定或调解委员会的指定：

（一）不能保证有充足的时间和精力办理案件的；

（二）不具有评审所需的知识、经验或能力的；

（三）其他不宜接受选定或指定的情形。

第十六条 争议评审应由当事人书面申请，遵循合法、自愿原则。

第十七条 争议评审员在争议评审程序开始前应保证各方当事人知晓并同意以下内容：

（一）争议评审的目的和程序；

（二）争议评审员和各方当事人在程序中的角色和作用；

（三）争议评审员和各方当事人的保密义务；

（四）其他应知晓事项。

第十八条 争议评审员应尽职、尽责、勤勉工作，保持独立性、公正性和中立性。

（一）独立性，是指争议评审员和案件不存在任何的利害关系（包括私人关系和经济关系）。评审员地位中立，不代表任何一方的利益；

（二）公正性，是指争议评审员在评审过程中应公正地化解争议，平等地对待当事人，不得偏袒一方当事人而歧视另一方当事人；

（三）中立性，争议评审员应保持中立，争议评审员不得向任何一方当事人提供影响其中立地位的咨询建议。

第十九条 争议评审是建设工程合同的当事人，在合同履行过程中，因对合同内容的理解或对相关事实的认定产生分歧，根据事先或临时约定，将争议提交给争议评审员进行判定，并接受争议评审决定的约束的争议解决方式。

第二十条 评审解决争议的主要方式是召开评审会议。争议评审小组应秉持客观、公正原则，充分听取合同当事人的意见，在尊重当事人意愿，不违反法律的前提下，可以采用多种有利于解决争议的方式化解争议，促成各方当事人达成和解协议或调解协议。

第二十一条 争议评审员依据相关法律、规范、标准、案例经验及商业惯例等，发表评审意见，按照民主集中制的原则出具争议评审决定。

除了依靠专业知识，审查当事人提交的证据资料，评估逻辑必然性或者高度盖然性以外，评审小组还可以采用聆讯、现场勘验、委托第三方专业机构鉴定、市场调查等方式查明事实，发生的费用由当事人分担。

第二十二条 争议评审员应对案件及在争议评审过程中获取的全部信息保守秘密，法律规定应当披露或各方当事人同意披露的情形除外。

第二十三条 争议评审员应告知当事人争议评审程序启动以后，双方可在任何时间，以争议被化解为理由终止评审程序；单方退出，不影响争议评审决定的出具。

第二十四条 争议评审员应审查双方自愿达成和解协议的合法性，如和解协议存在欺诈或损害善意第三人利益情形的，争议评审员应拒绝出具，并报调解委员会主任决定处理方式。

第二十五条 争议评审员结束评审工作后，应向调解委员会秘书处提交书面工作报告。

第四章 争议评审员培训

第二十六条 争议评审员有接受培训的权利和义务,积极学习争议化解技巧,积累专业知识,提高多元解纷能力。争议评审员参加培训的情况作为争议评审员行为考察的内容。

第二十七条 调解委员会负责根据调解业务发展和争议评审员的需求制定争议评审员培训计划,组织开展培训及其他相关的协调工作。

第二十八条 争议评审员应按照调解委员会的培训要求,完成相应的培训任务。争议评审员培训内容主要包括民商事法律知识,纠纷处理的基本原则和程序,争议化解技巧、技能与方法,争议评审员职业操守等理论与实务知识。

第二十九条 争议评审员每年应至少完成16个学时的争议评审员培训。

第三十条 调解委员会建立和完善争议评审员培训档案,对争议评审员参加培训的种类、内容、时间和考试考核结果等情况进行记录。

第五章 争议评审员行为考察

第三十一条 争议评审员行为考察结果是调解委员会聘任及续展认证争议评审员的重要依据之一。

第三十二条 调解委员会负责具体实施争议评审员考察工作,接收当事人对争议评审员的投诉和争议评审员的申辩,建立争议评审员行为考察档案,作出争议评审员行为考察处理意见。

第三十三条 争议评审员聘任期限内有下列情形之一的,经调解委员会批准,调解委员会有权将其解聘:

(一)受到刑事处罚或严重行政处罚的;

(二)无正当理由不按时进行调解的;

(三)在争议评审过程中,违反公正、中立、独立原则,受到当事人投诉的;

(四)接受争议评审申请又拒绝发表争议评审意见的;

（五）违反争议评审员勤勉审慎义务，不认真阅卷，不熟悉案情，严重不负责任的；

（六）接受当事人请客、馈赠或提供的其他利益的；

（七）主动联系当事人，在具体案件中为自己谋求被选定为争议评审员的；

（八）其他违反《争议评审规范》和《争议评审员守则》等规定，不宜继续担任争议评审员的情形。

第六章 争议评审员续展认证

第三十四条 聘任期届满后争议评审员须进行资格续展认证，申请续展认证的争议评审员应满足以下条件：

（一）满足争议评审员必备条件；

（二）聘任期内能够认真遵守本规则、《争议评审员守则》《争议评审规范》及调解委员会的相关规定；

（三）聘任期内每年都完成最低要求的培训时间；

（四）聘任期内有一定的调解实践经验；

（五）未受到调解委员会警告处罚；

（六）不存在因工作、身体原因不能继续担任争议评审员的情形；

（七）不存在其他不应通过续展认证的情形。

第七章 附　则

第三十六条 本办法由调解委员会负责解释，自 2021 年 11 月 1 日起施行。

第三节 评审员守则实例

为了同样的工作需要，同《工程造价争议评审员管理办法》一同制定的，还有《工程造价争议评审员守则》。

第一条 【制定目的】为规范山东省工程建设标准造价协会工程造价争议评审员的行为，增强当事人运用争议评审程序解决争议的信心，促进行业有序发展，山东省工程建设标准造价协会工程造价纠纷调解工作委员会（以下简称"调解委员会"）特制定本守则。

第二条 【必备资格】工程造价争议评审员必须具备造价工程师或监理工程师执业资格，具有建筑工程合同管理和工程实践经验。同时争议评审员应积极参与调解委员会要求的培训项目以及相关活动，以保持和提升争议评审经验和调解技能。

第三条 【基本条件】争议评审员只有在具备下列条件的情形下，方可接受当事人的选定或调解委员会的指定：

（一）具有解决案件所需的知识、经验和能力；

（二）能够付出相应的时间、精力，积极推进争议化解。

争议评审员若不能保证具备上述条件，则应当拒绝接受选定或指定。

第四条 【独立】争议评审员应与案件不存在任何利害关系（包括私人关系和经济关系），评审员地位中立，不代表任何一方的利益。

第五条 【公正】争议评审员应当平等地对待当事人，公正地发表评审意见，避免引起当事人对其产生不公正的印象。

第六条 【中立】在调解过程中，争议评审员应保持中立。争议评审员不得向任何一方当事人提供影响其中立地位的咨询建议。争议评审员不得进行误导性宣传，并不得在召开评审会议以前向当事人承诺评审决定的内容。

第七条 【程序告知】争议评审员在评审会议开始前，应当告知当事人评审决定形成的基本程序、争议评审员在化解争议过程中的作用以及与当事人之间的关系。

第八条 【费用告知】争议评审员应当向各方当事人或其代理人提供关于争议评审费用及相关费用的真实、完整的信息，包括案件受理费、案件处理费、争议评审员报酬以及其他实际发生或可能发生的与争议处理有关的费用。

争议评审员报酬以调解委员会确定的收费办法为确定依据，以书面形式作出，当事人另有约定的除外。

第九条 【有效准备】争议评审员应做好有效的争议化解准备，事先拟定评审会议方案。

第十条 【勤勉尽职】争议评审员应当勤勉、积极主动地按照《建设工程造价争议评审规范》（T/LESC-05-2021）推进争议化解。以法律和专业知识为基础，向当事人客观地陈述案情，帮助当事人分析争议焦点以及当事人各自的责任，引导当事人在互谅互让的基础上，逐步减少分歧，争取达成意思一致。

第十一条 【意思自治】争议评审员在评审程序和评审决定上应充分尊重当事人意思自治，并运用其创造力与经验，积极引导纠纷化解，在不违反法律的前提下，采用多种有利于解决争议的方式化解争议。双方达成一致意见的，支持和解，或尊重双方意见出具调解书或争议评审决定书。

第十二条 【充分表达】争议评审员应给予各位当事人充分地表达其意见的机会。

第十三条 【独立信息和意见】争议评审员有责任积极地促使各方基于充足的信息、知识及建议（包括协助双方取得独立的专业信息及意见）化解争议。

第十四条 【终止或退出】争议评审员应告知当事人争议评审程序启动以后，双方可在任何时间，以争议被化解为理由终止评审程序；单方退出，不影响争议评审决定的出具。

第十五条 【禁止放弃】争议评审的主要目的是化解矛盾，在任何情况下，争议评审员都不应拒绝发表意见。在双方达不成一致意见时，评审员应当依据相关法律、规范、标准、案例经验及商业惯例等，按照民主集中制的原则出具争议评审决定。

第十六条 【争议评审员退出】发生下列情形之一的，争议评审员应当退出：

（一）争议评审员因自身原因无法继续履行争议评审员职责的；

（二）争议评审员与案件有利害关系或未按规定披露可能影响其在该案中担任争议评审员的独立性、公正性的相关情形的；

（三）一方当事人以合理事由申请更换争议评审员的。

第十七条　【保密】争议评审员应对案件及在评审过程中获取的全部信息保守秘密，法律规定应当披露或各方当事人同意披露的情形除外。

第十八条　【代理禁止】除非双方当事人书面同意，争议评审员不得在其后的诉讼或仲裁程序中，担任任何一方当事人的诉讼或仲裁代理人。

第十九条　【宣传和推广】争议评审员可以进行执业推广，宣传、推广其所能提供的技术服务，但宣传、推广须以专业、诚实的方式，且不得违反职业道德。

第二十条　【违规罚则】争议评审员违反本守则，调解委员会将根据情节轻重决定是否将其继续列入争议评审员名册。

第二十一条　【规则解释】本守则由调解委员会负责解释，自2021年11月1日起施行。

第四节　评审员名册管理实例

2017年11月，协会成立了工程造价纠纷调解工作委员会，选聘品行端正、公道正派、认真勤勉、注重效率的造价工程师、监理工程师等行业专家280多人，担任争议评审员和调解员，采用争议评审等非诉讼方式妥善化解了青岛某机场、济南某黄河滩区迁建等多起标的额大、涉及面广的建工纠纷。截至2023年6月，在山东省高级人民法院的指导下，自主受理市场主体申请的调解案件67个，涉案金额28.36亿元，调解成功率95.5%；接受争议评审委托案件141个，成功化解纠纷139起，涉及争议金额147.81亿元。

根据《最高人民法院关于人民法院特邀调解的规定》山东省高级人民法院于2018年发布了第一批特邀调解员名单，2021年9月7日以"鲁高法〔2021〕35号"文件，发布了《山东省高级人民法院关于进一步规范调解名册管理的意见》，从山东省工程建设标准造价协会的调解员名册中选聘特邀调解员15人，主要内容如下：

1. 各级法院应及时把邀请的调解组织及调解员加入特邀调解名册，在人民法院调解平台完成认证，并根据任期及业绩评估情况定期更新。

2. 在诉讼服务中心、人民法庭等场所提供特邀调解组织和特邀调解员名册，方便当事人查询、选择。

3. 根据工作需要可以邀请部分特邀调解员或调解组织常驻法院或者人民法庭开展调解工作。

4. 基层人民法院在邀请调解员时应充分考虑人民法庭的实际情况，就近邀请网格员、退休教师、退休法律工作者等加入特邀调解员名册。

5. 院机关的特邀调解员可以到法庭定期驻点值班开展调解或根据需要到法庭巡回调解。

6. 立案诉服部门具体负责指导特邀调解工作，管理特邀调解案件流程，组织开展特邀调解业绩评估工作。

7. 特邀调解员编入速裁团队开展工作，速裁团队的法官负责工作指导，法庭委派调解案件由法庭的法官负责指导。

8. 组织特邀调解员按时参加业务培训，随时或定期开展疑难案件分析，每月至少组织一次调解经验交流或集中学习培训。

9. 参照当地法院上一年度民事一审案件总量确定特邀调解员的数量与任务指标，特邀调解员数量力争达到13‰；特邀调解员的任务指标根据案件类型、地区特点等因素确定，力争平均每人调解数量达到每年100件。

10. 特邀调解员在收到委派调解的案件之日起2日内通知当事人参加调解，启动调解工作。

11. 调解达成一致意见的，指导调解的法官和特邀调解员应当促成双方当事人积极履行调解协议，实现案结事了。

12. 各地法院应当积极组织开展优秀调解室、优秀调解员等评选活动。

13. 可以根据实际情况，综合考虑解纷的难易程度、调解协议实际履行等因素，向特邀调解员发放误工、交通等补贴。

14. 特邀调解员补贴专款专用，立案诉服部门会同财务部门建立明细台账，台账应包括领款调解员姓名、调解案号、调解案件数量、发放标准、款额等。

15. 对特邀调解员调解案件的数量、质量和效果等定期进行业绩评估，作为特邀调解员名册更新的依据。

16. 未完成年度调解任务的，根据实际情况，在物质或荣誉奖励方面作出相应处理。超过六个月不开展调解工作的，区分情况，无正当理由的，当年度不再延续邀请。

17. 对调解过程中存在违规行为的特邀调解员，有关法院应当批评教育、责令改正，必要时移除特邀调解员名册。

附件：山东省高级人民法院建筑工程领域特邀调解员名单

序号	姓名	性别	联系方式	工作单位	专业
1	于振平	男	139××××7154	山东省工程建设标准造价协会	工民建
2	巩日路	男	133××××6321	山东经纬工程造价招标代理有限公司	法学
3	单联萍	女	139××××390	济南市工程质量与安全生产监督站	建设经济
4	尹红梅	女	159××××5588	山东聚源项目管理有限公司	工民建
5	闫淑娟	女	138××××6818	济南市城市建设集团	道路桥梁
6	张贵勤	女	139××××6502	山东高速建设管理集团有限公司	工民建
7	任志强	男	138××××6387	济南齐鲁工程造价咨询有限公司	建筑结构
8	刘继亮	男	138××××7118	山东中大汇通工程造价咨询有限公司	建筑工程

第二章 革故鼎新

续表

序号	姓名	性别	联系方式	工作单位	专业
9	李海龙	男	151××××8699	山东保君律师事务所	工民建
10	巩象玉	男	158××××8333	山东舜天兆信工程项目管理有限公司	土木工程
11	李润超	男	156××××3523	国浩律师（济南）事务所	工程管理
12	张力	男	133××××0311	山东省工程造价咨询有限公司	建筑工程
13	任志旭	男	139××××0996	誉光评估工程咨询（青岛）有限公司	工程造价
14	李景璐	女	139××××9072	青岛佳恒工程造价咨询有限公司	建筑学
15	张晓伟	女	185××××8767	誉光评估工程咨询（青岛）有限公司	工程造价

2023年4月28日，山东省高级人民法院为进一步深化山东省高级人民法院《建设工程领域纠纷"评调裁一体化"工作办法》，促进建设工程领域"评调裁一体化"机制高质量发展，参照特邀调解有关司法解释的规定，结合工作实际，设立了《建设工程领域特邀评审员名册》，向省内各市中级人民法院、济南铁路运输中级法院、青岛海事法院就设立建设工程领域特邀评审员名册事宜通知如下：

一、按照山东省高级人民法院《建设工程领域纠纷"评调裁一体化"工作办法》进行"争议评审"的，在山东省高级人民法院特邀评审员名册中选择评审员进行。山东省高级人民法院收到山东省工程建设标准造价协会根据《工程造价争议评审员守则》《争议评审员管理办法》等相关规定推荐的特邀评审员后，审核建立特邀评审员名册，并予以公示。

二、根据山东省高级人民法院《建设工程领域纠纷"评调裁一体化"工作办法》，立案前委派调解的建筑工程纠纷案件由特邀调解组织受理后，根据纠纷实际情况，择优引导当事人选择"争议评审"方式梳理争议焦点、记载无争议事实等事项，立案庭（诉讼服务中心）应加强业务指导和程序对接。

诉讼案件需要采用"争议评审"方式解决工程计价、鉴定异议等技术争议时，也可以参照《建设工程领域纠纷"评调裁一体化"工作办法》选择特邀评审员进行争议评审。

三、全省各级法院要与当地的工程建设标准造价协会加强协调，引导协会做好特邀评审员的日常管理、定期培训、考核考评等工作，发现特邀评审员不能正常履职或有违法违规行为的，应及时报请山东省高级人民法院将其从名册中退出。

附：山东省高级人民法院建设工程领域特邀评审员名册

序号	姓名	住所地	熟悉专业	职业资格
1	于振平	济南	土建市政园林	造价工程师
2	刘继亮	济南	土建	造价工程师
3	巩象玉	济南	土建	造价工程师
4	张传举	济南	安装	造价工程师
5	李海龙	济南	市政	造价工程师律师
6	任志强	济南	市政	造价工程师
7	张广昌	济南	土建市政	造价工程师
8	袁书朋	济南	土建	造价工程师
9	孙瑞	济南	法律	仲裁员律师
10	尹红梅	济南	土建市政园林	造价工程师
11	陈洪云	济南	电气暖通	造价工程师
12	张健	济南	土建	造价工程师
13	刘克	济南	土建	造价工程师
14	杨海波	济南	土建	造价工程师
15	刘睿	济南	土建	造价工程师
16	荀耿生	济南	土建	造价工程师
17	刘轶峰	济南	土建	造价工程师
18	吕纳新	济南	土建	造价工程师
19	边岳	济宁	市政土建	造价工程师
20	李益	聊城	土建市政园林	造价工程师
21	夏建伟	聊城	电气暖通	造价监理工程师
22	陈爱波	聊城	土建	高级预算员
23	任志旭	青岛	土建	造价工程师

续表

序号	姓名	住所地	熟悉专业	职业资格
24	李景璐	青岛	土建	造价工程师
25	陈丙智	青岛	市政	造价工程师
26	朱世伟	日照	土建	造价工程师
27	毕见川	威海	土建	造价工程师
28	崔嫦娥	潍坊	市政安装	造价工程师
29	褚庆骞	枣庄	土建	造价工程师
30	鲁燕里	德州	电气暖通市政	造价工程师
31	史朝彬	德州	土建	造价工程师
32	边广海	东营	土建	造价工程师

第五节　争议评审案件实例

案例一　关于红线外下线点的争议处理

【基本案情】

发包人×××与承包人×××于2019年8月签订了《某办事处城边村改造安置房建设项目建设工程施工合同》，规划用地面积104642.42平方米，总建筑面积250229.49平方米。其中，地上建筑面积158832.00平方米，地下建筑面积91397.49平方米。承包形式为工程总承包（EPC）。双方在结算时对"红线外供电配套设施是否包含在合同承包范围内"产生争议。发、承包双方就该争议向山东省工程建设标准造价协会提起建设工程造价争议评审。

【纠纷处理过程】

一、评审专家组织发、承包双方对无争议事实进行确认。

EPC工程总承包范围包括：规划用地红线范围内的房屋建筑工程、内外道路管网等，小配套（包括配电的下线点及工程设施内容，供热、供水、供气接入口及所有的红线内施工内容等）；合同中有关供电配套工程价格是参照济价费字〔2013〕85号《济南市物价局、济南市经济和信息化委员会关于继续执行济南市新建住宅小区供电配套工程费收费标准的通知》之规定计算确定的。

二、分析争议焦点，明确各自的主张和证据、理由。

争议焦点一：小配套具体包含的内容。

发包人认为：1.本项目为EPC工程总承包合同，红线外供电配套工程为"交钥匙工程"必不可少的项目。2.合同约定的小配套，明确包括下线点至户表箱所有的供电配套设施及安装工程。3.合同附件1设计任务书中包含"片区内10千伏供电"。4.报价明细表中包含供电配套设施。5.合同中的电力小配套单价114元/平方米属于政府指导价，承包范围应以政府文件为准。所以，主张"红线外供电配套工程属于承包范围"。承包人认为：1.小配套只包括红线内的工程，红线外的供电工程属于大配套。2.设计任务书中的"片区内10千伏供电"是指基础条件，承包范围是从"设单独的变配电室"开始。所以，主张"红线外供电配套工程不属于承包范围"。

争议焦点二：下线点的具体位置。

发包人认为：第一电源的下线点位置应位于110千伏旭升站10千伏Ⅱ段母线扩间隔后新出电缆线路接入点，第二电源的下线点位置应位于110千伏滨河站10千伏005间隔新出线路接入点。承包人认为：下线点位置应位于最近环网柜的出线接入点。

三、从技术层面分析问题并做出评审意见

1. 对"小配套"的概念理解

首先，在房地产开发专业术语中，对大小配套的定义："在红线内的配套工程，是小配套，需要由开发商自己来委托设计和施工。在红线外的配套工程，大多数的城市，都是由开发商交钱，一般叫配套费，由政府或者是有关部门统一进行配套。"所以"小配套"只包括红线内的内容应当达成共识。其次，合同的表述。《合同协议书》中对配套工程范围表述为"小配套(包括配电的下线点及工程设施内容,供热、供水、供气接入口及所有的红线内施工内容等)"。括号内的内容是本合同对"小配套"单位的补充和明确,应当以合同约定为准。其中供电"包括配电的下线点及工程设施内容"与"供热、供水、供气接入口"都是对小配套所包含的"所有的红线内施工内容"的补充。所以,合同约定的供电配套工程的承包范围突破了红线界限。

2."下线点"的具体位置是确定承包范围的关键

因为"下线点"是个通用名词,并非专业名词。本身并不能指向具体位置,按照该项目《居配工程供电方案答复书》确定的供电方案,两路供电电源:第一电源由110千伏旭升站10千伏段母线扩间隔后新出电缆线路,经新建环网柜出线供电;第二电源由110千伏滨河站10千伏005间隔新出线路(已建成,暂未命名)1号环网柜出线,经环网柜出线供电。每条线路上都有出线间隔和环网柜。

发包方提出按照济价费字〔2013〕85号文的规定,小区供电配套工程从"高压出线间隔"开始。经查明济价费字〔2013〕85号原文描述为"包括变电站10千伏高压出线间隔(或户外高压环网柜)、高压进线、高压开关柜、变压器、400伏低压开关柜、低压分支箱、户表箱、计量表等。"这里的起点是指"变电站10千伏高压出线间隔""户外高压环网柜"二选其一,不是"变电站10千伏高压出线间隔""户外高压环网柜"二者兼有。如果按照发包方的理解,从110千伏变电所的10千伏出线间隔开始计算,则本项目的小区配套将同时包含高压出线间隔和户外高压环网柜,这并不符合济价费字〔2013〕85号文的规定。

参照济价费字〔2013〕85号文的内容,将距离红线最近的环网柜视为下线点,符合实际,合理且更客观。

3.发包方提出,在合同附件1《EPC任务书》中有约定

经分析,附件1《EPC任务书》中第四章关于电气部分的约定如下。

1.1 片区内10千伏安供电。根据该建筑的使用性质及管理的方便性设单独的变配电室。变配电室设在地下车库内，按规范要求设计，且满足行业规定。消防负荷满足消防验收规范要求。变配电室位置要求中心（或分）变配电室靠近负荷中心，并综合考虑，方便外线接入。

1.2 电源进线采用NH-YJV-1千伏电力电缆，住宅电源进线采用WDZ-YJ（F）E电缆，由总箱配出干线采用YJV电力电缆或BV导线，应急照明、电梯、消防设备配电采用NHBV导线或NHYJV电力电缆。

以上无论是工程内容还是所选材料，都没有涉及红线外输电线路的内容。所以，该任务书中"片区内10千伏安供电"的表述，应理解为项目设计的前提基础条件，而不是设计内容。场外输电线路不在本合同约定的设计范围内，当然不包括在工程总承包的承包和报价范围内。

4. 现行政策规定

《国务院办公厅转发国家发展改革委等部门关于清理规范城镇供水供电供气供暖行业收费促进行业高质量发展意见的通知》（国办函〔2020〕129号），第二、（五）条规定"在城镇规划建设用地范围内，供水供电供气供热企业的投资界面应延伸至用户建筑区划红线，除法律法规和相关政策另有规定外，不得由用户承担建筑区划红线外发生的任何费用。从用户建筑区划红线连接至公共管网发生的入网工程建设，由供水供电供气供热企业承担的部分，纳入企业经营成本；按规定由政府承担的部分，应及时拨款委托供水供电供气供热企业建设，或者由政府直接投资建设。"

综上分析，把红线外的输电线路划归项目EPC工程总承包的范围，加大了居住用户承担成本，违反政策规定。

综上，评审专家做出如下评审意见：

1. 鉴于合同价格的确定参照了济价费字〔2013〕85号文的规定，虽然该文件现已废止，在没有其他更明确依据的情况下，发、承包双方仍然可以作为参照标准执行。

2. 该项目客户用电点（变配电室）至规划红线外最近的环网柜之间的高压进线工程和环网柜设备本身属于合同承包范围。按照惯例环网柜与规划红线的距离不应超出 500 米。

3. 建议当事人根据本评审决定签订补充协议。

【典型意义】

本项目争议金额 3000 多万元，类似项目还有 16 个住宅小区，通过争议评审对一个案件的处理，起到了示范作用，避免了很多起诉讼纠纷。

案例二　关于 EPC 项目配套费的争议处理

一、案例背景

发包人山东省某学校通过招标确定由某建筑公司负责承建"该校区建设项目"，合同形式为工程总承包（EPC），合同价格形式为建筑面积平方米固定综合单价，目前项目已竣工交付处于结算阶段，双方对增加的架空层面积是否计入结算，供电配套工程费、高可靠性供电费应由发包人承担还是承包人承担，红线内暖气配套费应由发包人承担还是承包人承担，学生宿舍楼暖气改造施工费是否包含在合同价款内，产生争议。

二、无争议事实

该学校校区建设项目，于 2020 年 12 月采用 EPC 方式进行公开招标，招标范围为设计、采购、施工、调试、验收、保修及相关手续办理、周边关系协调、配合移交等工程总承包和改造原学生宿舍楼施工。项目建设规模总建筑面积 18668.72 平方米，其中，新建教学楼（含地下车库），东西长约 111.4 米，南北宽约 18.5 米，地上 4 层，地下 1 层，车库地下 1 层，新建建筑面积 13950 平方米，改造建筑面积 4718.72 平方米，教学规模 24 班。主要建设内容为：新建综合教学楼 1 栋、改造原招待所 1 栋、改造原住宅楼 1 栋，同步实施室外体育场、道路、绿化、室外管网等建设。施工单位为民营建筑公司，项目已现竣工交付使用，竣工规划核实建筑面积为18172.84平方米。

三、争议焦点及分析

1. 对增加的架空层面积是否计入结算的问题

（1）承包人意见

①发包人立项批复的建筑面积与其自行规划设计方案建筑面积不符，对招投标产生影响：本项目发包人前期立项批复建筑总面积为18668.72平方米（其中包含教学楼13950平方米，旧楼改造面积4718.72平方米）。发包人在招标前，于2020年10月份自行完成教学楼规划设计方案，招标时提供的规划方案主要经济技术指标（用地面积，建筑面积、容积率、绿地率、停车位等）已基本确定，建筑总面积为18186.82平方米。

项目后于2020年12月采用EPC总承包方式招标。发包人招标文件同时设定了最高投标总价限价和单价限价，招标书《最高投标限价明细表》中列明建筑总面积为18096.83平方米。针对招标建筑总面积与立项批复面积及规划方案建筑面积不符的情形，我方投标时提请答疑"建筑面积按18668.72平方米还是按18096.83平方米"。由于发包人自身原因此时尚没有取得概算批复文件，为满足招标要求，发包人在招标答疑时将限价表中的建筑总面积18096.83平方米改为济天发审批［2020］36号文批复的可行性研究报告中建筑总面积——18668.72平方米，要求所有投标人均按18668.72平方米进行报价，同时注明招标控制总价和单价均不作调整，规定超出投标限价废标。由此造成招标建筑面积与实际规划面积不符的情况。

②招标文件真正对应的建筑面积是规划面积，并非发改委批复面积。发包人招标时只是单独改变建筑总面积，而其他并无改变，招标文件中的规划设计方案也没有变化。我方投标总价实质对应的是发包人提供的规划设计方案，而非招标面积。应尊重事实，以投标总价款为准，方符合EPC合同招标公平合理原则。

从上述过程描述结合 EPC 合同性质及实际招投标过程、招标内容来看，虽然招标文件和施工合同约定了按每平方米固定综合单价和竣工规划核实建筑面积进行结算，合同表面形式上看似固定单价，但是实质上是相对固定总价。双方真实的意思是满足发包人在投资控制总价款下实现所有建设内容及功能，这里的建筑面积当然是指发包人自己的规划设计建筑面积。

发包人提供规划设计方案建筑面积为 18186.82 平方米。发改委概算批复建筑面积 18148.58 平方米（基本与竣工规划核实面积 18172.84 平方米相符）。

投标时我方依据发包人提供的规划设计方案内容，招标文件设计任务书要求进行报价，投标报价真正对应的是发包人招标提供的规划方案建筑面积 18186.82 平方米所涵盖的设计和施工内容，而非发包人后修改使用的立项批复建筑面积 18668.72 平方米。从招标清单内容来看，招标人建筑面积变化，并未造成该招标项目涵盖设计及施工内容的调整和变化，由于发包人变更建筑总面积，且要求按统一面积进行报价，单价不得不随之调整。鉴于此，我方在投标总价不变化前提下，应以总价为首要依据。

③我方优化设计和实际施工的图纸与发包人招标文件中的规划设计方案没有实质上的不同，各项指标基本一致。

发包人招标提供规划设计方案中的总平面图表明，因受地形及规划控制影响，拟利用地下一层车库层内缩上部扩出方案达到满足上部运动场地使用面积要求，但对于架空部位具体设计做法没有给出具体要求说明。

满足发包人规划设计方案的要求有两种解决办法，一是架空部位回填后施工，二是通过悬挑结构处理施工。我方在投标书中已经对此提出了优化建议：地库范围线与体育场外围线原始地坪标高有较大差距，需建设两道挡土墙，且体育场基层厚度不均匀，难以保证有效控制沉降裂缝。建议结合规划条件、面积指标、周边建筑间距等要求，充分考虑建设成本和设施质量，进行优化。建议扩大地下车库面积，以方便施工，减少成本为目的，在跑道下面设置地下结构，增加地下使用面积。中标后优化设计时，我方优选第二个方案并事前向发包人进行了详细的分析说明：由于地库上部为运动场地，若采用传统填土工艺，因地形高差较大，平均填土厚度4.5米，为高填方，难以保证长期不沉降及不产生裂缝，且北侧运动场地下方为架空供暖主管道，产权不属于发包人，无迁改计划，如填土施工可能影响后期检修及导致责任界定不清，且需征得管道产权人同意，存在无法实施的情况。采用架空层悬挑结构可与地库基础及原有整体结构形成新的整体，层高及承重荷载保持一致，既能满足操场使用面积又避免了运动场地后期基础沉降隐患，同时可以在满足规划要求前提下，另增加建筑面积约950平方米，预留出后期可使用的空间，让发包人长期受益。优化后的设计图纸业经发包人、项管、监理认可予以了实施。我方图纸仅是对甲方前期规划方案的进一步合理优化，其他均没有任何变化。

④为满足项目综合验收封闭架空层，导致无法按规划核实面积结算，应按合同真实意愿结算。项目竣工验收时，为不突破规划批准面积，保证顺利通过综合验收，对架空部位空间进行了暂时封闭，因而造成该部分建筑面积无法计入规划核验面积，不能如实结算的情形。封闭空间层高4.5米，后期可使用面积约950平方米，我方按发包人正常使用标准进行了施工，使发包人实际收益，应如实计入结算。

⑤依据《建设项目工程总承包计价规范》本合同价款实质是固定总价款。《建设项目工程总承包计价规范》中有以下条款。

3.2.3 建设项目工程总承包应采用总价合同，除工程变更外，工程量不予调整。

3.2.7 采用工程总承包模式，发包人对建筑安装工程价款的计价，除专用合同条件约定的按照应予计量的实际工程量进行结算支付的单价项目外，不得以项目的施工图为基础对合同价款进行重新计量或调整。

3.3.3 发包人要求中错误的责任可按下列规定分担：

1. 采用设计采购施工总承包（EPC）模式，承包人应复核发包人要求，发现错误应书面通知发包人。发包人做相应修改的，按照合同约定进行调整；如确有错误，发包人坚持不改，应承担由此导致承包人增加的费用和（或）延误的工期，以及合理的利润。

……

无论承包人发现与否，发包人要求中的下列错误导致承包人增加的费用和（或）延误的工期，由发包人承担，并向承包人支付合理利润：

1) 发包人要求中或合同中约定由发包人负责的或不可变的数据和资料；

……

综上，我方依据的发包人提供规划的设计方案及招标文件投标，中标后有关发包人要求的各项指标，在优化的设计施工图及实际施工中没有实质性变化（发包人招标规划设计面积18186.82平方米，我方优化设计施工图规划竣工核实面积为18172.84平方米，前后指标基本一致），业经委托人同意实施并竣工验收交付，达到了发包人要求。招标建筑面积变化调整非我方原因，双方应尊重招标及合同本意，尊重本项目实际客观情况，发包人实际受益的同时，应合理承担承包人发生的实际对等投入，否则违背招标原则，显失公平。

我方认为，本工程结算应综合招标文件、答疑文件、规划设计文件、总承包合同之间的关联性，尊重双方合同真实意思，合理确定工程结算价款，在合同总价款基础上，按实际减少的规划面积予以调整，即结算总价＝合同总价款－（18186.82－18172.84）×综合单价＋实际增加的结构架空层面积造价。

（2）发包人意见

应依据合同约定进行结算。

①合同协议书第四条签约合同价与合同价格形式

2 合同价格形式：合同价格形式为固定综合单价合同，除根据合同约定的在工程实施过程中需进行增减的款项外，合同价格不予调整，但合同当事人另有约定的除外。

2.4 合同价格为平方米固定综合单价，最终以平方米固定综合单价乘以规划核实面积进行结算，除建设单位要求外，平方米固定综合单价不做调整。

②合同协议书承包范围：单价为平方米固定综合单价，暂按总建筑面积 18668.72 平方米计算。合同为固定单价合同，合同建筑面积为暂定。

③招标文件中投标报价说明

3.2.7 本次报价单价为平方米固定综合单价，最终以平方米固定综合单价乘以规划核实面积进行结算，除建设单位要求外平方米固定综合单价不做调整。

④架空层为承包人依据项目地形高差自行优化设计图纸，非我委托要求增加内容。且架空层为结构封闭，我方无法使用。合同及招标文件约定的结算方式清晰、一致，明确约定以平方米固定综合单价乘以规划核实面积进行结算，承包人实际施工内容并没有增加，封闭结构架空层面积与结算面积无关联，应严格按照以上约定结算，不应另行增加。

（3）评审专家意见

投标报价对应的是发包人招标提供的规划方案所涵盖的设计和施工内容，在招投标、设计、施工过程中，没有实质性的变化。在招标答疑中，建设单位要求施工单位按照建筑面积 18668.72 平方米报价，将整个工程的建设费用分摊到了 18668.72 平方米建筑面积之中，对于规划核实面积以外的 495.88 平方米（18668.72 平方米－18172.84 平方米）所分摊的建设费用，施工单位已经实际支出，建设单位应当予以补偿，并计入结算造价。

2. 供电配套工程费、高可靠性供电费应由发包人承担还是承包人承担的问题

（1）承包人意见

①依据济南市物价局、济南市经济和信息化委员会发布的济价费

字〔2013〕85号文，供电配套工程费包含配套工程范围内所有的配套工程范围内所有的供电配套电气设施的设计、设备和材料购置、安装、调试等费用，工程范围指高压配电线下线点至户表箱所有的供电配套设施及安装过程，包括变电站10千伏高压出线间隔（或户外环网柜）、高压进线、高压开关柜、变压器、400伏低压开关柜、低压分支箱、户表箱、计量表等，不含配电设施用房和通道。供电配套工程费基准指导价按建筑面积127元/平方米收取，按规划部门批准的《建设工程规划许可证》建筑面积核算供电配套工程费，属经营性收费，实行政府指导价，专项用于配套工程的投资建设，由供电公司负责征收、集中管理。由此可见此项费用不具有竞争性。依据济南市财政局文件济财采〔2020〕58号文P8第（五）4条，对涉及水、电、暖、气等不具有竞争性的特殊行业，需由各行业主管单位制定承接主体或供应商的，可申请自行采购。因此，该费用应由委托人采用自行采购方式予以实施，不宜采用公开招标方式，这也是行业惯例和交易习惯。

另，供电配套工程费在立项批复的可行性研究报告中按177.17万元（13950平方米*127元/平方米）计列，在批复概算中按170.56万元（13429.86平方米*127元/平方米）计列，在招标文件最高投标限价中按0.00元计列，可见招标人在招标时响应批复文件要求，按自己另行处理考虑，不要求各方对此进行报价，我方投标时也未报价。

发包人招标文件、招标控制价及投标报价中也不包含供电配套工程费。招标文件3.2条规定综合单价包含"……新建综合管线（供电、供气、供热、供水、有线电视）接入协调、规划红线内综合管线（供电、供气、供热、供水、有线电视）配合管理……"。

合同中虽有电力配套费在中标综合单价中包含的描述，此处的配套费是指我方在电力工程施工中发生的其他费用及配合管理费用，如高压电缆沟、沟槽土石方、检查井、电缆保护管、高压电缆桥架等产生的附属费用，并非批复立项文件中的供电配套工程费。因此本工程合同价款不包含供电配套工程费（详见投标报价明细表）。合同协议书约定"建设该项目所需的应由发包人缴纳的所有费用，暂时由承包人代交（费用不包含在合同价中）"

为保证学校投入使用，我方垫资完成高压供电施工内容且已通过相关部门验收交付使用，我方实际垫付的供电配套工程费发包人应予以返还。

②电力公司对济南汇才学校下发了《高可靠性供电费用缴费通知单》，要求学校在供电之前缴纳此费用。

为保证开学正常用电，应学校要求，我方先行垫付此项费用并通过工作联系单的方式告知校方此项为合同外费用。该费用为电力公司为满足客户需求采取的供电保障措施费，不在合同价款内，实施地点在片区隶属开关站，不在项目红线实施范围内，结算时该费用发包人应予以返还。

（2）发包人意见

供电配套工程费及高可靠性供电费包含在合同价款中，应由承包人承担。

①招标文件投标人须知中已明确"本工程红线内自来水、电力、燃气、雨水、污水等配套费用及与之相关的土方、检查井、套管等项目由投标人综合考虑在平方米固定综合单价中。红线外配套费由招标人支付，投标人在报价时无需考虑该项费用。与相关部门的协调、对接及现场工程进度、安全管理工作由全部中标人负责"。

②招标文件中P156设计任务书四、设计要求4.6强电专业4.6.4（供电电源）、4.6.5（计量方式）、4.6.6（高、低压线路供电系统）均有明确高压设计要求，属于招标范围及内容。

③合同协议书中工程承包范围：合同固定综合单价包括工程自施工图设计开始至整体工程完工移交期间所有的建安施工费、全部施工图设计费、采购费、试验检测费、调试费、验收费（含综合验收）、工程保险费、社会保险费、保修及办理相关建设及施工手续、移交费等

全部费用以及合同明示或暗示的所有责任、义务和不可抗力以外的费用（含税）。

④招标文件附表一"主要材料设备品牌档次选用参考明细表"中第14项"配电柜（高低压）、环网柜、变压器、配电箱（元器件），备注：施耐德、德力西、ABB、爱普、环宇（满足供电部门供电要求）"。已明示为招标报价内容，投标人在报价时应综合考虑。

（3）评审专家意见

①供电配套工程费为实现学校供电的高压供电设施采购、安装、调试等费用，招标文件控制价及投标文件报价明细表未计列，此项费用应由发包人承担，承包人配合实施。

②高可靠性供电费为电力公司满足客户需求采取的供电保障措施费，此项费用应由用电客户（即发包人）承担。

3. 红线内暖气配套费应由发包人承担还是承包人承担的问题

（1）承包人意见

①红线内的暖气配套费依据《济南市物价局、济南市市政公用事业局关于继续执行济南市居民住宅小区规划红线内供气、供热、供水设施设备配套工程费收费标准的通知》（济价费字〔2013〕71号文），费用主要包括配套工程范围内设施设备配套工程的设计、监理、设备和材料购置、安装、调试等，工程范围包括一次供热管网、换热站设备、二次供热管网、单元入户装置、楼内立管及分支管部分、分户锁闭阀。供热配套工程费基准指导价按建筑面积48元/平方米收取，建筑面积按规划部门批准的《建设工程规划许可证》建筑面积核算，属经营性收费，实行政府指导价，专项用于配套工程的投资建设，由专业经营单位公司负责统一征收、管理、专款专用。由此可见此项费用不具有竞争性，依据济南市财政局文件济财采〔2020〕58号文P8（五）4条对涉及水、电、暖、气等不具有竞争性的特殊行业，需由各行业主管单位制定承接主体或供应商的，可申请自行采购。此项费用应由委托人采用自行采购方式予以实施，不采用公开招标方式，这也

是行业惯例和交易习惯。

本项目红线内暖气配套费在招标人编制的可行性研究报告 13，2.2 投资估算说明中提及："换热站的改造由热电公司负责，不列入本次项目投资。"批复的初步设计和概算中未包含该费用，发包人 EPC 招标文件《最高投标限价表》中也未计列。表明招标人在招标时响应批复文件要求，按自己的规划另行处理考虑，不要求各方对此进行报价，我方投标时也未报价。因此暖气配套工程不在合同及招标文件约定的实施内容中。实际热源采用原有校内换热站，且发生的费用主要为换热站内设备改造及主供热管网改造费用，该费用与上述供电配套工程费性质一样，是我方协助热电公司施工红线内暖气配套工程提供暖气接入发生费用。工程实施过程中，我方多次同发包人沟通协商此事，双方未达成一致意见，为保证学校在正式开学时使用集中供热，我方同意暂时搁置争议，暂代发包人缴纳了该费用。现工程已正式交付历经一个采暖季使用，达到发包人设计要求，应予以返还。

②暖气开户费〔详见《关于推进供热计量改革与既有建筑节能改造的实施意见》济政发【2011】37 号〕，同上述理由，办理集中供热手续时，由我方一并垫付，按合同约定此项费用为用户应缴纳费用，招投标文件及合同价款也不含此项费用，应予以返还。

（2）发包人意见

红线内暖气配套费已包含在合同价款中。

①合同协议书工程承包范围：固定综合单价包括但不限于红线范围内单体工程及地下建筑，道路〔包括红线范围内的所有市政道路及园区（景观设计范围内的）、综合管线（强电）、弱电照明、燃气、自来水、雨水、污水等专业管线及其与市政主管网的对接连通〕。

②招标文件中 P155 设计任务书四、设计要求 4.5 暖通专业供暖系统 4.5.1（供暖系统）已明示采暖热源换热站（东侧现有建筑一层）提供、室外供暖管道等设计要求，此项为招标范围及内容。

(3) 评审专家意见

①红线内暖气配套工程费为实现学校冬季集中供暖换热站改造、供热主管网改造等费用，招标文件控制价及投标文件报价明细表未计列，招标人的可行性研究报告中说明换热站的改造费用不列入项目投资，此费用应由发包人承担。

②暖气开户费为集中供暖用户办理供热手续时应交纳的费用，属一次性交纳，此项费用应由供暖用户（即发包人）承担。

4. 学生宿舍楼暖气改造施工费是否包含在合同价款内的问题

(1) 承包人意见

①对于学生宿舍楼内原有供热管道及暖气片，发包人可行性研究报告中只描述为对原有暖通设备更换改造，并没有具体改造做法，之后发包人的规划初步设计方案中也没有暖气设施改造相关设计要求，《山东省济南汇才学校西区建设项目概算书》也没有包含暖气工程。

②图纸会审内容明确散热器及支管不在本次改造范围内。

③业主及监理于2021年12月16日监理例会要求我单位对原学生宿舍楼的暖气片位置及管道走向重新设计施工。

④我方于2022年8月6日收到项管单位提供的原教学楼暖气专业纸质版图纸，并到现场实地勘察线路走向，于2022年8月8日开始进行图纸优化，2022年8月23日将电子版图纸发送给监理单位，据此进行暖气施工工作。

综上，暖气改造属于合同外设计和施工增项，由此增加的费用，应由建设单位承担。

(2) 发包人意见

学生宿舍楼暖气改造费已包含在合同价款中。

①可研报告批复旧楼改造用途为"教师休息室（活动室）、心理活动室、科学探究活动室、创新活动室"，招标文件中P155设计任务书四、设计要求4.5暖通专业供暖系统4.5.1（供暖系统）已明示所有有供暖需求房间均安装散热器等设计要求，此项为招标范围及内容。

②招标文件最高投标限价明细表中暖通工程面积为 18668.72 平方米，单价按 70 元/平方米计列，承包人投标文件投标报价明细表中暖通工程面积为 18668.72 平方米，单价按 67.86 元/平方米计列，承包人已响应招标文件并报价。

（3）评审专家意见

招标控制价中包含暖通费用。楼内原有采暖管道及暖气片年久失修且严重老化锈蚀，已无法使用，难以维修，需要全部拆除更换，施工单位在投标时应当考虑全部拆除更换的费用。

五、评审决定

1. 对增加的架空层面积：规划核实建筑面积 18172.84 平方米，按照合同单价 3579.15 元/平方米结算；规划核实建筑面积之外的 495.88 平方米，按照 3579.15 元/平方米予以补偿，并计入结算造价。

2. 供电配套工程费由发包人承担，承包人配合实施；高可靠性供电费由用电客户（即发包人）承担。

3. 红线内暖气配套工程费（换热站内，低温端出口阀门以后的暖气工程费用）由发包人承担；暖气开户费由供暖用户（即发包人）承担。

4. 学生宿舍楼暖气改造施工费由承包人承担。

【案例总结】

争议评审可以在合同签订以后即开始工作，争议评审专家定期和不定期考察工地、介入工程整个过程，在纠纷的早期和过程中提供解决意见，采用争议评审方式，合同各方对待合同和合同纠纷的方式和理念会发生变化，双方当事人更容易主动履行合同。

第三章　评审报酬

非营利性机构的收费需要有明确的收费依据，山东省民政厅、山东省市场监督管理局联合下发了《关于持续强化省管行业协会商会乱收费治理切实帮助市场主体减负纾困的通知》再次加强对协会收费监管，协会作为公益组织，没有收费的依据，如果让经营性的单位从事争议评审工作，将会大大降低公信力。

司法实践中，当事人有付费的意愿。山东省住房和城乡建设厅和山东省高级人民法院联合下发的《关于建立健全全省住房城乡建设领域矛盾纠纷多元化解工作机制的指导意见》中，鼓励调解组织自行探索市场化的收费模式。

山东省工程建设标准造价协会依据现有文件，起草了《住建领域争议评审收费办法（试行）》，具体内容如下：

第一条　【收费依据】为了明确山东省工程建设标准造价协会工程造价纠纷调解工作委员会（以下简称"调解委员会"）的受理争议评审业务的收费标准，根据最高人民法院办公厅住房城乡建设部办公厅《关于建立住房城乡建设领域民事纠纷"总对总"在线诉调对接机制的通知》（法办〔2023〕358号）和山东省住房和城乡建设厅 山东省高级人民法院印发的《关于建立健全全省住房城乡建设领域矛盾纠纷多元化解工作机制的指导意见》（鲁建法字〔2023〕4号）要求，依据本会《章程》制定本办法。

第二条　【交费要求】根据当事人自愿原则，单独申请或在调解委员会调解程序中申请本会采用争议评审方式解决争议时，应当按照本办法确定的标准交纳争议评审费。

第三条 【费用项目】争议评审费用于支付补偿评审员的劳动、完成评审业务、维持调解委员会的正常运转。评审费具体包括：案件受理费、评审管理费、评审员报酬和评审员开支等。

1. 案件受理费用于案件登记、文书的出具和送达、评审员的指定、档案管理等，费用标准见附件1；

当事人在本会调解程序中申请专家评审组解决争议时，不再收取评审的案件受理费。

2. 评审管理费按照评审员报酬的20%计算，由当事人在支付评审员报酬时另行交纳，不包括在评审员报酬之内；

3. 评审员报酬是评审员劳动力价值的市场价格，双方选定的评审员可根据自愿原则协商，没有协商一致的，按照本会标准计算，费用标准见附件2；

4. 评审员的开支包括评审员处理案件的差旅费（住宿费、城市间交通费、出差补助费），参照机关事业单位差旅费管理办法相关规定执行（按高级职称和本人实际职称的高者计算），其中住宿、交通费据实（按实际发票金额）报销。

第四条 【费用支付】本会受理争议评审业务，严格执行《民间非营利组织会计制度》，专款专用，代收代付。

4. 评审员开支在发生时由当事人支付或评审员提供发票报销。

第五条 【费用确认】评审小组在确定评审费用的收取金额以后，应与当事人协商，并在召开第一次评审会议前征得当事人同意。当事人提出异议时应向本会主任汇报，接受主任指导。

评审员不得在评审员报酬和开支之外，向当事人索取其他费用和好处。

当事人不能接受本会主任确定的收费标准，可以退回评审申请，已交纳的案件受理费不退回；已交纳的其他费用扣除实际发生的金额后予以返还。

第六条 【专业鉴定】争议评审过程中，当事人如需委托第三方咨询机构对涉及工程造价定量问题进行鉴定，由此发生的费用由当事人按委托合同约定直接支付给有关机构或者单位。

第七条 【会议地点】争议评审应在调解委员会所在地进行。当事人约定在其约定的地点进行的，应承担由此产生的费用。

第八条 【评审语言】争议评审案件的工作语言为中文。当事人约定使用其他语言或者提出其他语种要求的，应承担由此产生的费用。

第九条 【货币种类】评审费用应当以人民币为单位进行计算和收取，受理争议标的为外币的案件，应以该标的额为基础，按照受理当日的汇率折算成人民币后，计算应交纳的案件费数额。

第十条 【费用承担】评审费用原则上由当事人各承担50%；当事人就评审费的承担比例另有约定的，从其约定；评审过程中一方当事人退出，评审员有权根据过错原则分配，而不受事先协议的制约。

当事人一方垫付评审费用，可以根据评审员的评审决定向责任方追偿。

第十一条 【评审费的结清】评审员在出具评审决定后，应当及时核算评审费用，向当事人送达评审费用结清通知。

预交评审管理费及评审员报酬如有结余，调解委员会需自调解或争议评审结束后15个工作日内无息退还当事人。

预交费用的孳生利息留归本会所有。

在没有全额交纳评审费用以前，主任不签发评审决定。

第十二条 【管理监督】本会制定的案件费用标准应在机构显著场所公开，受理案件时提前告知当事人。

依法进行会计核算，依法纳税，接受税务、会计主管部门依法实施的税务监督和会计监督。

第十三条 本办法自公开之日起施行。

附件一：案件受理费收费标准

当事人申请调解或当事人自行申请专家评审组解决争议时，应向调解委员会交纳案件受理费 500 元（人民币伍佰元整）。

案件受理费是为满足调解委员会对调解或争议评审申请的审查、立案、程序录入、归档和通讯等基本支出，任何情形下均不予退还。

附件二：评审员报酬标准

争议评审案件由一名或三名评审员组成评审小组，评审小组的报酬按照下列比例分段累计交纳：

争议金额（人民币）	收费标准	评审员报酬
100 万元以下部分（含 100 万元）		9000 元
100 万元至 500 万元（含 500 万元）	0.5%	9000 元加争议金额 100 万以上部分的 0.5%
500 万元至 2000 万元（含 2000 万元）	0.3%	29000 元加争议金额 500 万以上部分的 0.3%
2000 万元至 10000 万元（含 1 亿元）	0.1%	74000 元加争议金额 2000 万以上部分的 0.1%
1 亿元以上		160000 元

注：

1. 争议金额不能确定的，由本会主任确定。
2. 三名评审员组成评审小组时，首席评审员的费用占 50%，另两位评审员各占 25%；聘用三名以上评审员时，每位评审员的费用按本标准的 25% 另外计取。
3. 上述标准不包括应向本会交纳的评审管理费。

第四章　他山之石

在处理工程建设类纠纷的司法实践中,英国、新加坡、澳大利亚和新西兰等国家都建立起类似争议评审的制度。马来西亚吉隆坡亚洲国际仲裁中心(KLRCA)出版的《2012年建筑业付款与评审法》,内容和形式与山东协会的争议评审类似,特翻译为中文,与业内同行共同研究学习探讨。

为了与山东省工程建设标准造价协会的团体标准对应,本次翻译时参考FIDIC(国际咨询工程师联合会)合同文本与我国合同示范文本中争议处理的相应用词,在对部分单词的翻译时,进行了汉语化处理,特别是单词"Adjudication",现有文献翻译为裁决、裁定、审裁、评审等多种意思,笔者为了与法官、仲裁员的司法行为区别,统一释译为"评审",有关单词的英汉对照列举如下:

Adjudication　评审

Adjudicator　评审员

Arbitration　仲裁

Court　法院

Decid　裁决

Construction Contract　建筑合同

Construction Work Contract　建筑施工合同

Construction Consultancy Contract　建筑咨询合约

Delayed Payment　延迟付款

Under-payment　少付款

Non-payment　不付款

Non-paying party　不付款方

Unpaid party　未付款方

Payment Claim　付款主张

Payment Response　付款回应

Adjudication Claim　裁决申请

Adjudication Response　裁决回应

Adjudication Reply　裁决答复

Statutory Adjudication　法定评审

Interim Decision　临时决定

由于本人水平有限，不当之处，请批评指正。

第一部分　AIAC（KLRCA）主任致辞

建筑业是国家经济增长的动力。建筑业的强劲表现归功于政府通过公私合作伙伴关系、经济转型计划和各种经济走廊实施的大型项目。

过去三年，国家在 ETP 列出的国家重点经济区（NKEA）下启动了 195 个项目，这些项目预计将为国民总收入贡献 1440 亿令吉。

随着新项目，如 12 亿令吉的 Langat、2.50 亿令吉的 Warisan 独立塔以及 80 亿令吉的 Suke 至 Dash 的高速公路，对建筑服务的需求预计将进一步增长。

因此，《2012 年建筑业付款与评审法》（CIPAA）于 2014 年 4 月 15 日生效恰逢其时。

马来西亚建筑业与发展中国家的其他建筑业一样，长期以来一直存在付款时间过长的问题，这导致许多承包商面临现金流问题，从而导致项目延误。

该立法规定了强制性法定评审，旨在加快行业现金流。各方将能够就进度款争议迅速获得临时评审，从而避免项目交付期间潜在的短期现金流问题。根据 CIPAA 第五部分的规定，亚洲国际仲裁中心

（AIAC）被指定为仲裁机构，这意味着该中心在默认指定和管理机构中发挥着关键作用。

为此，AIAC 制定了 AIAC 评审规则和程序，作为 CIPAA 的补充，使我们能够为评审的高效进行提供行政支持。AIAC 评审规则和程序将在评审过程中为评审员和当事人提供帮助。

此外，我们继续为有兴趣成为评审员的人士举办培训和认证课程。这些工作连同介绍性讲座和路演，旨在教育和提高对 CIPAA 的认识，同时我们将对评审员以及相关各方进行培训和认证，以便为国家在建筑行业推行这一新的评审程序做好准备。

这本小册子是作为参考和起点来指导您了解 CIPAA 的范围、应用和流程，以及对建筑行业的影响。包括一般规定和常见问题解答、法案以及条例和豁免令的副本，以及 AIAC 评审规则和程序的副本。

我希望您会发现它有用，并强烈鼓励您了解有关它的更多信息，如果您感兴趣，可以注册成为这一新程序的成员，因为马来西亚进入了一个令人兴奋的新阶段，该阶段将改变该国的建筑业。谢谢。

KLRCA 主任：Datuk Sundra Rajoo 教授

第二部分　2012 年建筑业付款与评审法

该法案旨在促进定期和及时付款，规定了通过评审快速解决争议的机制，规定了建筑行业的付款追偿补救措施，规定了相关附带事项。

马来西亚议会通过的第 746 号法案如下：

第一章　准　　备

1. 说明

1) 本法案可引称为《2012 年建筑业付款和评审法》。

2) 本法案自部长通过公报发出的通知中所指定的日期起生效。

2. 适用范围

本法适用于全部或部分在马来西亚领土内进行的建筑工程的所有书面建筑合同，包括政府签订的建筑合同。

3. 不适用

本法不适用于自然人为任何高度低于四层且完全供其占用的建筑物而签订的任何建筑工程的建筑合同。

4. 名词解释

在本法中，除非上下文另有规定。

"评审决定"是指评审员根据第 12（2）款作出的决定；

"评审程序"是指根据本法进行的评审过程；

"评审员"是指根据本法被任命评审争议的个人；

"申请人"是指建筑合同中提起评审程序的受害方；

"建筑咨询合同"是指开展与建筑工程有关的咨询服务的合同，包括规划和可行性研究、建筑施工、勘察、测量、室内外装饰、景观美化和项目管理服务；

"建筑合同"是指建筑施工合同或建筑咨询合同；

"建筑施工"是指建造、扩建、安装、修理、维护、更新、拆除、翻修、改建、拆解或拆除：

a) 任何建筑物、建造物、结构物、构筑物、挡墙、栅栏或烟囱，无论建造在地上还是地下；

b) 任何道路、港口工程、铁路、索道、运河或机场；

c) 任何排水、灌溉或河流控制工程；

d) 任何从事电力、机械、水力、煤气、石油、石化或电信的工程；

e) 任何渡桥、高架桥、堤坝、水库、土方工程、输送管道、下水道、渡槽、涵闸、通道、竖井、隧道或填海工程，并包括：

f) 任何构成 a) 至 e) 所述工程的组成部分、准备工作或临时工程，包括场地清理、土壤调查和改良、土方移动、挖掘、奠定基础、场地恢复和景观美化；

g）采购 a）至 e）段所述任何工程所需的建筑材料、设备或聘请 a）至 e）段所述任何工程所需的工人；

"建筑施工合同"是指进行建筑工程施工的合同；

"合同管理员"是指管理建筑合同的建筑师、监理工程师或其他指定人员；

"政府"指联邦政府或州政府；

"高等法院"指马来亚高等法院或沙巴和砂拉越高等法院（视情况而定）；

"KLRCA"指吉隆坡区域评审中心；

"部长"是指负责工程的部长；

"不付款方"是指被要求按照建筑合同付款的一方；

"付款"是指根据建筑合同明示条款应付已完成工作量或所提供服务的款项；

"委托人"是指与另一方签约并承担付款责任的人，这里的另一方是通过转约成为建筑合同链中对其他人有付款义务的人；

"被申请人"是指收到评审通知和评审请求的人；

"现场"是指进行施工的地点，无论是陆上还是海上；

"未付款方"是指要求支付建筑合同项下尚未全部或部分支付款项的一方；

"工作日"是指不包括单位所在州或联邦地区适用的周末和公共假期的日历日。

第二章　付款纠纷的评审

5. 付款主张

1）未付款方可以根据建筑合同向不付款方提出付款主张。

2）付款主张应采用书面形式，并应包括：

a）要求付款金额和所诉求金额的付款到期日；

b）主张付款的详细理由，包括与付款相关的建筑合同中的条款；

c）与付款主张对应的施工或服务的描述；

d）根据本法作出的声明。

6. 付款回应

1）不付款方承认向其送达的付款主张的，应向未付款方送达付款响应，可以是未付款方主张的全部金额或不付款方承认的任何金额。

2）不付款方对付款主张中主张的全部或部分金额有争议的，应向未付款方送达书面付款回应，说明争议金额和争议理由。

3）根据第（1）或（2）款发出的付款回应，应在收到付款主张后十个工作日内送达未付款方。

4）不付款方未能按照本条规定的方式回应付款主张，将被视为对整个付款主张提出异议。

7. 将争议提交评审的权利

1）未付款方或不付款方可以将因根据第5条提出的付款主张而产生的争议提交评审。

2）将争议提交评审的权利只能在第6（3）款规定的付款回应送达期限届满后行使。

3）根据本法提交评审的争议，须遵守《1953年时效法》［第254号法］、《沙巴时效条例》［cap.72］或《砂拉越时效条例》［cap.49］的具体规定。

8. 启动评审

1）申请人可以通过向被申请人送达评审通知书的形式启动评审程序，包括争议的性质和描述以及寻求的补救措施等任何支持文件。

2）被申请人收到评审通知后，应按照第21条规定的方式任命一名评审员。

3）评审程序的当事人可以自行参与也可以由该当事人指定的代理人代表。

9. 评审诉求

1）申请人应在收到评审员根据第22（2）或23（2）款接受任命

后十个工作日内,向被申请人送达一份书面评审诉求,其中包含争议的性质和描述以及寻求的补救措施等任何支持文件。

2)申请人应当在第(1)款规定的时间内向评审员提供评审诉求的副本以及任何证明文件。

10. 评审回应

1)被申请人应在收到第9(1)款规定的评审诉求后十个工作日内,送达书面评审回应,该回应应回答评审诉求的全部问题,并附上与申请人有关的任何证明文件。

2)被申请人应在第(1)款规定的时间内向评审员提供评审回应的副本以及任何证明文件。

3)如果被申请人未送达评审回应,申请人可以在第(1)款规定的期限届满后继续进行评审。

11. 评审答复

1)申请人可以在收到评审回应之日起五个工作日内,将评审回应的书面答复连同证明材料送达被申请人。

2)申请人应当在第(1)款规定的时间内向评审员提供评审答复的副本以及任何证明文件。

12. 评审与决定

1)评审员应在第25条规定的权力范围内,以评审员认为适当的方式进行评审。

2)除第19(5)款另有规定外,评审员须在:

a)自送达评审回应或评审答复之日起四十五个工作日,以较晚者为准;

b)未收到评审回应的,自评审回应送达期限届满之日起四十五个工作日;或者

3)未在第(2)款规定的期限内作出的评审决定无效。

4)评审决定应当以书面形式作出,并应当载明作出该决定的理由,但当事人要求不说明理由的除外。

5）评审决定还应当确定评审金额以及缴纳评审金额的时间和方式。

6）评审员应向当事人和 KLRCA 主任送达评审决定的副本，包括根据本节第（7）款作出的任何更正的评审决定。

7）评审员可以随时主动或应任何一方的要求更正任何计算或印刷错误。

8）第（7）款规定的更正请求不影响评审决定的执行，任何更正均视为自原评审决定之日起生效。

9）1950 年《证据法》［第 56 号法］不适用于本法案的评审程序。

13. 评审决定的效力

评审决定具有约束力，除非：

a）高等法院因第 15 条提及的理由撤销该决定；

b）评审的主题事项通过双方之间的书面协议解决；

c）争议由仲裁或有管辖权的法院做出了最终裁定。

14. 评审程序的合并

如果两个以上同一主题的评审程序由同一评审员审理，经评审程序的各方当事人同意，评审员可以将案件合并在同一程序中评审。

15. 非正当获得评审决定

受害方可以以下列一项或多项理由向高等法院申请撤销评审决定：

a）通过欺诈、贿赂等不当手段取得评审决定的；

b）违背自然正义；

c）评审员没有独立或公正地行事；

d）评审员的行为超出了他的管辖范围。

16. 中止评审决定

1）有下列情形之一的，当事人可以向高等法院申请暂缓执行评审：

a）已按第 15 条的规定申请撤销评审决定；

b）评审决定的事项已在仲裁或法院进行最终裁决。

2）高等法院可做出准予暂缓执行评审，或命令将全部或部分评审费用存入 KLRCA 主任处，或作出其认为合适的任何其他命令。

17. 评审程序的撤回和重新启动

1）申请人可以随时向被申请人和评审员发出书面撤回通知，撤回评审请求。

2）除非评审员另有命令，申请人应当承担因撤回评审程序而产生的费用。

3）撤回评审请求的申请人可以根据第 8 条的规定，通过送达新的评审通知，就同 主题重新启动评审。

4）如评审员死亡、辞职、因病或任何其他原因而无法完成评审程序：

a）原评审程序结束，当事人可以重新开始新的评审程序。

b）评审程序可以由当事人指定的新的评审员继续进行，继续进行的评审程序，应像没有更换评审员一样。

18. 评审程序的费用

1）评审员在做出与评审程序费用相关的评审时，应责令各方分担事件成本，并确定应当支付的费用数额。

2）第（1）款的规定优先于双方在评审程序开始前达成的有关评审费用的协议，包括其中一方同意支付另一方的费用或承担评审员的费用和开支的任何协议。

19. 评审员的费用及开支等

1）当事人和评审员可以自由商定评审员的任命条件和支付给评审员的费用。

2）如果当事人和评审员未能就评审员的任命条款和费用达成一致，则应适用 KLRCA 的评审员任命条款和费用标准。

3）评审当事人对评审员的费用和开支负有连带责任，评审员可以作为债务追偿到期的费用和开支。

4）双方应按照评审员的指示，按公平份额预先缴纳合理比例的费用，并存入 KLRCA 主任处作为担保。

5）在向当事人发布评审决定之前，评审员可以要求向 KLRCA 主任全额支付费用和开支。

6）如果评审员未能在第 12（2）款规定的期限内对争议做出评审，评审员无权收取与评审相关的任何费用或开支，除非延迟作出评审是由于当事人的责任造成的。根据第（5）款，将评审员的费用及开支的全部款项存入 KLRCA 主任处。

20. 评审的保密性

评审员和争议的任何一方不得向他人透露为评审目的而作出或出示的任何声明、承认或文件，除非：

a）经对方同意；

b）这些信息已经在公共领域公开；

c）为了执行评审决定或仲裁、法院的任何程序而有必要披露；

d）出于本法规定的任何目的或其他成文法的要求，需要在一定范围内披露。

第三章 评审员

21. 委任评审员

评审员可以下列方式任命：

a）自申请人送达评审通知之日起十个工作日内，经争议双方同意；

b）KLRCA 主任任命

i）如果双方未就（a）款达成一致，则应争议任何一方的请求；

ii）应争议双方的请求。

22. 当事人任命评审员

1）申请人应根据第 21（a）款，以书面通知的形式指定评审员，并向其提供评审通知的副本。

2）评审员应提出并协商其任命条款，包括应向当事人收取的费用，并应在收到任命通知之日起十个工作日内表明对他的任命条件的接受程度，完成任命条款。

3）如果评审员拒绝其任命或未在第（2）款规定的期限内表明接受任命，当事人可以按照第 21 条规定的方式任命另一位评审员。

23. KLRCA 主任任命评审员

1）KLRCA 主任应在收到请求后五个工作日内根据第 21（b）款任命一名评审员，并以书面形式通知当事人和评审员。

2）评审员应提出并协商其任命条款，包括应向当事人收取的费用，并应在收到任命通知之日起十个工作日内表明他的接受程度和任命条款。

3）如果评审员拒绝其委任或没有在第（2）款指明的期限内表明接受委任：

a）当事人可以同意按照第 21（a）款规定的方式任命另一名评审员；

b）KLRCA 主任可按照第 21（b）款规定的方式任命另一名评审员。

24. 评审员的职责和义务

评审员在接受委任为评审员的决定时，须作出书面声明：

a）其任命不存在利益冲突；

b）应独立、公正、及时行事，避免产生不必要的费用；

c）应遵守自然正义的原则；

d）不存在任何可能引起对评审者的公正性和独立性产生合理怀疑的情况。

25. 评审员的权力

a）制定进行评审程序的程序，包括限制当事人提交文件；

b）命令提供和制作文件；

c）设定文件制作的最后期限；

d）利用自己的知识和专业技术；

e) 经当事人同意，聘请独立专家就具体事项提供询问报告；

f) 要求与各方举行会议；

g) 举行任何听证会并限制听证会时间；

h) 对与争议有关的现场、作业、材料或货物进行检查，包括打开任何隐蔽工程；

i) 主动询问、查明作出决定所需的事实和法律；

j) 发出任何必要或有利的指示；

k) 命令回答质询；

l) 命令所有证据均需宣誓；

m) 审查和核对根据建筑工程合同颁发或将颁发的任何证书、与争议相关的当事人或合同管理人的决定、指示、意见或评估；

n) 就任何事项做出决定或声明，尽管该事项尚未获得证书。

o) 奖励融资成本和利息；

p) 根据合理要求延长本法规定的当事人的任何期限。

26. 评审员的权力不受违规行为的影响

1) 除第（2）款另有规定外，当事人不遵守本法规定，无论是在期限、形式、内容还是在任何其他方面，均应被视为违规行为，但并不使得评审人评审争议的权力无效，也不使得评审程序或评审决定无效。

2) 评审员可因评审程序或评审程序中出示的文件有不遵守规定的情况而：

a) 撤销全部或部分的裁定程序；

b) 作出评审员认为适当的有关评审程序的任何命令；

c) 允许对评审程序中产生的文件进行修改。

27. 评审员的管辖权

1) 除第（2）款另有规定外，评审员对任何争议的管辖权仅限于当事人根据第 5 条和第 6 条提交评审的事项。

2) 评审各方可以随时通过书面协议扩大评审员的管辖权，以决定根据 5 条和第 6 条未提交评审员的任何其他事项。

3）即使存在管辖权质疑，评审员仍可自行决定继续并完成评审程序，但不影响任何一方根据第 15 条申请撤销评审决定或反对根据第 28（1）款执行评审决定的申请的权利。

第四章　评审决定的执行

28. 评审决定作为判决执行

1）当事人可以向高等法院申请命令执行评审决定，如同高等法院的判决或命令一样。

2）高等法院可就评审决定的全部或部分作出命令，并可就应付评审事项金额的利息作出命令。

3）根据第（2）款作出的命令，可按照高等法院关于执行命令或判决的规则执行。

29. 暂停履行或降低履约进度

1）如果裁定的金额尚未全部或部分支付，申请人可以在收到第 12（6）款规定的裁定后，暂停履行建筑合同项下的任何建筑工程或建筑咨询服务，或降低履行进度。

2）如果自收到通知之日起的十四天（日历天数）内未支付裁定金额，则打算根据第（1）款暂停履行或降低履约进度的一方应向另一方发出打算暂停履行或降低履约进度的书面通知。

3）拟根据第（1）款暂停履行或降低履约进度的一方，在按照第（2）款发出的通知送达后的十四个历日届满后，有权暂停履行或降低建筑合同项下的任何建筑工程或建筑咨询服务的履约进度。

4）根据第（3）款行使权利的一方：

a）不违反合同；

b）有权获得公平合理的延长时间以完成合同规定的义务；

c）有权向对方追偿因中止或降低履约进度而造成的任何损失和费用；

d）申请人在收到评审金额或者按照第 37（1）款由仲裁、法院裁定的金额后十个工作日内，应按照合同恢复履行建筑合同项下的建筑工程或建筑咨询服务的进度。

30. 委托人直接付款

1）经评审，一方当事人不缴纳评审决定的金额的，另一方当事人可以直接向对方的委托人提出书面请求，要求支付该金额。

2）委托人在收到第（1）款规定的书面请求后，应向评审所针对的当事人送达书面通知，以出示付款证明并说明将在通知送达日十个工作期限届满后直接付款。

3）如果没有获得根据第（2）款要求的付款证明，委托人应将评审的金额支付给获得对他有利的评审决定的当事人。

4）委托人可以向评审决定裁定的委托人的当事人，作为债务追回根据第（3）款支付的金额，或者从应付或到期的任何款项中抵销该金额。

5）只有在委托人按照第（1）款规定收到付款请求，并已向出具评审决定的一方当事人支付应付款项时，才可援引本条。

31. 行使补救措施

1）除非根据 16 条批准中止，获得对其有利的评审决定的一方可以同时行使本法规定的任何或所有补救措施以执行评审决定。

2）本法规定的补救措施不影响建筑合同或任何成文法中规定的其他权利和补救措施，包括任何成文法规定的任何处罚。

第五章　审判机关

32. KLRCA 的职能

KLRCA 为评审机关，负责下列事项：

a）制定评审员的能力要求和标准；

b）确定评审员的任命和评审员服务费用的标准条款；

c）根据本法对评审行为做出行政支持；

d) 根据本法保障评审效力可能需要的任何职能。

33. 策略指南

1) KLRCA 在履行第 32 条规定的职能时，应获得负责法律事务的部长的政策指示。

2) 在负责法律事务的部长根据第 32 条就 KLRCA 的职能制定任何政策指示之前，应与部长进行协商。

第六章 概　述

34. 评审员和 LRCA 的豁免权

1) 任何法庭均不得因在履行本法规定的职能时，善意地采取的任何行为或不作为，而对评审员或 KLRCA 及其官员，提起或维持诉讼或不诉讼的程序。

2) 根据本法评审争议的评审员不得被强迫在任何仲裁或法院程序中就其评审的争议提供证明。

35. 禁止有条件付款

1) 建筑合同中与建筑合同项下付款有关的任何有条件付款条款均属无效。

2) 就本节而言，以下情况属于有条件付款的条款：

a) 一方付款的义务以该方已收到第三方的付款为条件；

b) 一方付款的义务取决于该方是否有资金或具有提取融资便利。

36. 缺乏付款条件时的默认条款

1) 除非双方另有约定，同意根据建筑合同进行建筑工程或提供建筑咨询服务的一方，有权按以下条款计算的价值收取进度款：

a) 建筑工程或建筑咨询服务的合同价格；

b) 建筑合同中规定的任何其他费率；

c) 建筑合同双方同意的任何变更，引起的合同价格或施工合同中规定的任何其他费率变化；

d) 修复缺陷或纠正不合格项估计的合理成本和为此造成的建筑工程或建筑咨询服务费用的减少，以其中更合理的为准。

2) 如果不存在第（1）(a) 至 (d) 段所述的任何事项，则应参考：

a) 相关监管委员会根据任何成文法规定的费用；

b) 如果没有（a）段所提述的规定费用，则为进行建筑工程或建筑咨询服务时建筑业现行的公平合理的价格或费率。

3) 进度款支付频率为：

a) 每月，用于建筑工程和建筑咨询服务；

b) 交付供应后，用于供应与建筑合同有关的建筑材料、设备或工人的供应。

4) 第(3)款规定的付款到期日为收到发票后三十个日历日。

37. 评审与其他争议解决程序的关系

1) 施工合同付款纠纷，可以同时提交评审、仲裁或者法院。

2) 除第（3）款另有规定外，就正在评审的争议提交仲裁或法院，并不会使评审程序结束，也不影响评审程序。

3) 如果正在评审的争议经当事人书面协议解决或者经仲裁或法院最终裁决，则评审程序终止。

第七章 其 他

38. 通知和文件的送达

根据本法送达的通知或任何其他文件对受送达方产生效力。

a) 将通知或文件亲自交付给当事人；

b) 在该方的正常营业时间内将通知或文件留在该方的通常营业地点；

c) 通过挂号信将通知或文件发送至当事人通常或最后为人所知的营业地点；

d) 双方书面同意的任何其他方式。

39. 法规

部长在考虑 KLRCA 的建议后，可以制定适当或必要的法规，以充分发挥或更好地执行本法的规定。

40. 豁免

部长在考虑 KLRCA 的建议后，可以通过在宪报刊登的命令，豁免。

a）任何人或任何类别的人；

b）任何合同、事项或交易或其任何类别。

不受本法所有或任何规定的限制，但须遵守可能规定的条款和条件。

41. 溯及

本法的任何规定均不影响在本法实施之前已在任何法院或仲裁中启动的与建筑合同项下的任何付款争议有关的任何诉讼。

第三部分　2014 年建筑业付款与评审条例

为了行使《2012 年建筑业付款和评审法》［第 746 号法］第 39 条赋予的权力，部长在考虑吉隆坡区域仲裁中心（KLRCA）的建议后，制定以下规定：

1. 说明

1）本规定可引称为《2014 年建筑业付款及评审条例》。

2）本条例自 2014 年 4 月 15 日起施行。

2. KLRCA 的责任

根据负责法律事务部长的政策指示，KLRCA 负责：

a）维护 KLRCA 评审小组的名册；

b）确定评审员的行为准则；

c）为评审员提供培训和考试；

d）确定评审员的服务费用和开支；

e）接收和持有争议双方代表评审员缴纳的任何费用和开支。

3. KLRCA 评审员名册

1）KLRCA 应对 KLRCA 评审员名册进行维护。

2）KLRCA 可从 KLRCA 评审员名册中删除评审员的姓名和其他资料，如果：

a）评审员以书面形式要求将其名字从 KLRC 评审员名册中删除；

b）评审员不再符合第 4 条规定的作为评审员的能力标准和准则。

3）就第(2)(b)项而言，KLRCA 应在从 KLRCA 评审员名册中删除评审员的姓名和其他资料之前通知评审员。

4. 评审员的资格标准和准则

评审员的资格标准和准则如下：

a）评审员在马来西亚的建筑行业或 KLRCA 认可的任何其他领域拥有至少七年的工作经验；

b）评审员持有部长认可机构颁发的评审证书；

c）评审员不得是未获解除破产的破产人；

d）评审员在马来西亚境内或境外没有任何犯罪记录。

5. 委任评审员

1）争议当事人依本法第 22 条规定指定评审员时，申请人应以书面形式通知指定的评审员，并向其提供评审通知书副本。

2）为了 KLRCA 主任根据该法第 23 条任命评审员，争议各方应向 KLRCA 主任提出书面请求。

3）KLRCA 主任收到根据第（2）款提出的书面请求后，应在五个工作日内任命一名评审员，并以书面形式通知争议各方和评审员。

4）评审员委任：

a）根据该法第 22 条，由争议各方指定；

b）由 KLRCA 总监根据该法第 23 条规定任命，

在接受任命时，任命的评审员应根据该法第 24 条作出书面声明，并将该声明提交给 KLRCA 主任。

5）根据第（4）款所作的声明须指明该评审员的任命不存在利益冲突。

6）就第（5）款而言，以下情况下，视为评审员在其委任评审的

建筑合同争议中存在利益冲突:

a) 评审员是:

i) 争议中任何一方的员工或合伙人;

ii) 一方当事人的董事或股东(如果争议当事人是公司)。

b) 评审员是争议中任何一方下属公司的雇员、董事、合伙人或股东。

c) 争议中的任何一方是评审员的家庭成员。

d) 评审员:

i) 已协助争议的任何一方准备了资料;

ii) 已向争议中的任何一方提供任何与建筑合同有关建议。

7) 就第(6)款而言:

a) "公司"具有1965年《公司法》[第125号法案]第4(1)款赋予的相同含义;

b) "评审员的家庭成员"包括:

i) 他的配偶;

ii) 他的父母(包括他配偶的父母);

iii) 他的孩子(包括领养的孩子或继子女);

iv) 他的兄弟或姐妹(包括配偶的兄弟或姐妹);

v) 他的孩子、兄弟或姐妹的配偶。

6. KLRCA评审员服务及费用标准

如果争议双方和评审员未能就任命条款和评审员费用达成一致,则应当执行,KLRCA在附表中规定的"关于评审员服务和费用的标准"。

7. 评审程序的费用

就该法第18条(1)款而言,争议任何一方在评审程序中支付的费用金额应由评审员根据所有相关情况确定,包括:

a) 权利要求或由权利要求引起的事项的复杂性,以及与权利要求相关的问题的难度或独特性;

b）争议任何一方及其顾问、专家或代表的专业技能、知识和责任以及所花费的时间和精力；

c）评审程序中的文件准备；

d）评审索赔的金额或价值。

8. 评审员的费用和开支

1）就该法第19条而言：

a）根据该法第19（1）或（2）款任命的评审员应在评审程序开始前向KLRCA主任提交其任命条款和争议各方应支付的费用的副本；

b）评审员应向KLRCA主任提交一份要求争议双方预先缴纳一定比例的费用并存入KLRCA主任处作为担保的指示副本，其中包括争议各方付款的日期；

c）评审员应向KLRCA主任提交一份要求争议各方全额支付应付费用和开支的指示副本，包括争议各方付款的日期；

d）如果争议各方未能在评审员指示的期限内支付费用和开支，评审员可以向KLRCA主任提交其指示争议各方支付费用和开支的副本；

e）争议各方向KLRCA主任全额存入支付给评审员的费用和开支后，评审员应向争议各方发布评审决定；

f）评审员应根据KLRCA主任的要求，提供与争议各方应付的费用和开支有关的其他文件和信息。

2）KLRCA主任须：

a）在该法第12（2）款规定的期限内收到评审决定副本后，向评审员支付争议各方缴纳的任何费用和开支；

b）如果评审员未能在该法第12（2）款规定的期限内对争议作出评审，则向争议各方退还与评审相关的任何费用和开支。

3）KLRCA应对根据该法第19条收到和存入的所有费用和开支负责，包括从该付款中赚取的任何利息，这些利息应由KLRCA保留。

附表［第6条］KLRCA的评审员服务费用和开支标准

一、评审员服务费用

序号	争议金额（马币）	费用（马币）
1	50000 及以下	2760
2	50001 至 150000	5760
3	150001 至 300000	7087＋超过 150000 部分的 2.7%
4	300001 至 800000	11137＋超过 300000 部分的 1.08%
5	800001 至 1300000	16537＋超过 800000 部分的 1.08%
6	1300001 至 1800000	21937＋超过 1300000 部分的 1.2826%
7	1800001 至 2300000	28350＋超过 1800000 部分的 0.3374%
8	2300001 至 2800000	30037＋超过 2300000 部分的 0.3376%
9	2800001 至 3300000	31725＋超过 2800000 部分的 1.4714%
10.	3300001 至 5000000	39082＋超过 3300000 部分的 0.54%
11.	5000001 及以上	50000

注意：
第一部分中评审员的服务费用应包括政府可能对评审员所赚取的费用征收的所有税款。

二、评审员的开支

项目	描述	费用（马币）
住宿/酒店	下列开支用于离家距离超过 25 公里： a）酒店费用按收据支付。 b）住宿津贴。 c）附加税。 相关于酒店费用以实际收据为准。	酒店（实际按标准间的价格） 马来西亚半岛：400 马币及以下 沙巴/砂拉越：400 马币及以下 马来西亚半岛：70 马币 沙巴/砂拉越：80 马币
伙食补贴	a）持续时间超过 24 小时	马来西亚半岛：85 马币 沙巴/砂拉越：115 马币
	b）持续时间超过 8 小时但少于 24 小时	马来西亚半岛：42.50 马币 沙巴/砂拉越：57.50 马币
沟通费用	以实际收据为准予以支付	

续表

项目	描述	费用（马币）
洗衣店/干洗/熨烫	如果评审员在区域外住宿不少于3晚，则可提供收据支持支付	
航空运输	a）仅限当地航空公司经济舱，特定时段低价 b）支付以当地航空公司实际往返票价为准	
航空运输以外的运输	a）从家到机场打车（反之亦然），过路费和停车费按实际价格计算 b）支付以实际收据为准	里程费用适用以下价格标准： a）前500公里距离：RM0.70/公里 b）距离501至1000公里：RM0.65/公里 c）距离1001至1700公里：RM0.55/公里 d）距离1701公里及以下：RM0.50/公里

注意：

第二部分中的费用索赔须提交实际发票或收据，或争议各方、KLRCA可接受的各类证据。

2014年4月14日制作

第四部分 2014年建筑业付款和评审（豁免）令

为行使《2012年建筑业付款和评审法》［第746号法］第40（b）段赋予的权力，部长在考虑吉隆坡区域仲裁中心的建议后，做出以下命令：

1. 说明

1）本命令可引称为《2014年建造业付款及评审（豁免）令》。

2）本命令自2014年4月15日起施行。

2. 豁免

1）附表一中规定的政府建筑合同不受该法所有规定的约束。

2）除第（3）款另有规定外，附表二所指明的政府建筑合约获豁免而不受第6（3）、7（2）、10（1）、10（2）、11（1）及11（2）款的约束，该法第（2）条的有效期为2014年4月15日至2015年12月31日。

3）第（2）款所提述的豁免须符合下列条款及条件：

a）根据该法第6条，付款回复应在收到付款主张后三十天内送达未获付款方；

b）未获付款方或欠款方根据该法第7(2)款将争议提交评审的权利，只能在根据(a)项送达付款答复的期限届满后行使；

c）该法第10条所指的被申请人应在收到评审请求后三十天内：

i）送达书面评审答复，其中应答复评审请求以及被申请人的任何支持文件；

ii）向评审员提供评审答复副本以及任何证明文件；

d）该法第11条所指的申请人在收到评审答复后三十天内：

i）可以向被申请人送达对评审答复的书面回应以及任何证明文件；

ii）应当向评审员提供评审回应的副本以及任何证明文件。

附表一

下列建筑工程的合约：

a）因自然灾害、洪水、山体滑坡、地面沉陷、火灾等紧急和不可预见情况而紧急、毫不拖延地进行的；

b）涉及国家安全或与安全有关的设施，包括建造军事和警察设施、军事基地和营地、监狱和拘留营、发电厂和水处理厂。

附表二

该法令所定义的任何建筑工程合同，合同金额为两千万马币（RM20，000，000）及以下。

拿督哈吉法迪拉宾尤索夫 工程部长　2014年4月14日制作

第五部分　亚洲国际仲裁中心的评审规则和程序

根据《2012年建筑业付款与评审法》（第746号法）（以下简称该法）第32条和第33条，亚洲国际仲裁中心（AIAC）制定本亚洲国际仲裁中心评审规则，规则载于A部分。

根据该法第32（d）款和第33条，并根据负责法律事务的部长发出的政策指示，AIAC根据该法案第40条提出建议，AIAC按照以下程序向税务局局长提出豁免申请，该程序载于B部分。

本规则及程序符合该法所规定的评审程序要求，统称为《亚洲国际仲裁中心评审规则及程序》。

A部分　规　　则

1. 总则

1. 所有依据该法开始的评审均应由AIAC根据该法案、《2014年建筑业付款和评审条例》（以下简称条例）以及配套的规则和程序进行和管理。

2. 除非当事人另有约定，适用于评审的规则和程序应为评审开始时有效的规则和程序。

2. 评审的启动和登记

1. 申请人应在根据该法第8（1）款向被申请人送达评审通知后，通过向AIAC主任送达包含以下详细信息的通知，并附上付款主张、付款回复（如有）和评审通知等的副本。在AIAC登记评审事项：

a) 申请人和被申请人的姓名和通讯地址；

b) 评审通知书的送达日期；

c) 付款主张的送达日期；

d) 付款回复的送达日期（如有）；

e) 相关合同的详情，包括：

i) 项目名称或介绍，或项目的简要描述；

ii) 合同编号或合同简要说明；

iii) 合同签订日期；

f) 主张的金额；

g) 认可的金额（如果有）；

h) 争议的简要描述；

i) 诉求。

2. 第 2(1) 款中的通知必须附有向 AIAC 支付的不可退还的登记费，其金额如本文附件三规定。

3. 委任评审员

1) 如果当事人已就评审员的身份达成一致，该评审员确认其准备好并愿意进行评审，并且具有以下任一条件：

a) 与各方就其任命条款（包括收费）达成协议；

b) 同意本协议附件二中 AIAC 的标准任命条款，以及《条例》规定的评审员违约金。

2) 如果当事人在申请人送达评审通知后十个工作日内未就评审员达成一致，或者该评审员在收到任命通知以后，未在自评审通知之日起十个工作日内确认其愿意受理，则任何一方或双方均可在评审通知送达后十个工作日届满后，向 KLCRA 主任申请任命评审员。应适用以下程序：

a) 就该法第 21（b）条和第 23 条而言，向 AIAC 主任提出的请求应以书面形式提出，并附有本法附件三中规定的管理费。

b) 在指定评审员的请求之前，应先向 AIAC 主任发出通知，按照第 2（1）款的规定登记评审。

c) 任命评审员的请求应以书面形式，通过专人或通过邮寄、快递等方式送达 AIAC 主任的办公地址。

d) 该请求应在周一至周五上午 8：30 至下午 4：00 以及公众假期上午 9：00 至中午 12：00 之间随时向 AIAC 提出。在工作时间之后向 AIAC 提交的任何文件均应被视为在下一个工作日提交。

e）在收到任何一方的请求后，AIAC主任应在五个工作日内指定一名评审员，并书面通知当事人和评审员。

f）根据该法第21（a）款或第21（b）款任命的任何评审员应在接受任命时向AIAC提交根据该法第24条做出的书面声明的副本。

g）评审员应遵守附件四：评审员行为准则。

4. 评审诉求通知书

申请人应在根据本法第9（1）款送达书面评审要求后七个工作日内向AIAC提交评审要求副本。除非AIAC主任另有指示，申请人无需向AIAC提交证明文件。

5. 评审回应通知书

被申请人应在根据该法第10（1）款或《2014年建筑业付款和评审（豁免）令》第2（3）（c）项送达书面评审回应后七个工作日内视具体情况向AIAC提交评审回应副本。除非AIAC主任另有指示，被申请人无需向AIAC提交证明文件。

6. 评审答复通知（如有）

申请人应在根据该法第11（1）款或《2014年建筑业付款和评审（豁免）令》第2（3）（d）项对评审回应作出书面答复后七个工作日内视情况向AIAC提交评审答复副本。除非AIAC主任另有指示，申请人无需向AIAC提交证明文件。

7. 评审目的和评审效力

1）评审的根本目的是尽可能迅速、经济地解决评审范围内双方之间的争议。

2）评审员应当公平、公正地行事。

3）除非双方同意，评审员的任何决定均为最终决定并具有约束力；除非被高等法院撤销，评审员的任何决定均具有约束力，直到争议由法院、仲裁最终裁决，或双方达成书面协议。

8. 评审的进行

1）评审员应在该法第25条规定的权力范围内以评审员认为适当

的方式进行评审。

2）评审员应本着公平、公正的原则行使此类权力，在有限时间内，给予各方当事人平等的机会，陈述自己的理由和处理对方的诉求。

3）评审员不得：

a）收到一方的资料而不提供给其他方；

b）除非该代表行为不当，在任何听证或会议上，拒绝任何一方由该方选择的代表出席的权利；

c）明知有利益冲突，仍然进行或继续评审。

9. 费用和开支

1）评审员，无论是根据该法第 19（1）款还是第 19（2）款任命，应在接受任命后七天内将其任命条款和应支付给评审员费用的副本提交给 AIAC 主任。

2）根据《条例》第 8（1）（b）和 8（1）项款，评审员应在接受任命后十四天内发出指示，命令当事人向 AIAC 预存以下费用和开支作为担保：

a）评审员估计的全部评审员费用和开支，以及政府可能征收的任何税款；

b）根据 AIAC 评审规则和程序附件三的规定，应向 AIAC 支付的所有管理费。

3）评审员在根据上述第 9（2）款发出指示后，应向 AIAC 主任提供指示副本，表明当事人应向 AIAC 主任缴纳的全部费用和开支，包括支付此类费用和开支的日期。

4）如果任何一方未能在评审员命令的时间内付款，评审员应在其后七天内发出他认为合适的指示，包括邀请另一方或多方支付此类款项，并同时通知 AIAC 主任。

5）如果当事人未根据该法第 19（5）条向 AIAC 主任全额支付费用和开支，包括 AIAC 的管理费和政府可能征收的任何税款，则评审员不得向当事人公布评审决定。

如果申请人在评审员根据本法第 17（1）款作出评审决定之前撤回其评审请求，评审员可在与 AIAC 主任协商后，命令申请人支付因撤回评审程序而产生的合理费用。在确定申请人应支付的费用数额时，评审员应考虑所有相关情况，包括评审员的任命条款、撤回时的诉讼阶段、应付给 AIAC 的管理费，以及被申请人产生的合理费用。

6）评审员应根据 AIAC 主任的要求，随时提供 AIAC 主任要求的文件和信息，用于指示确定应付的费用和开支，包括 AIAC 的管理费以及付款的时间表。

7）根据规则第 9（8）款，评审员应向 AIAC 主任交存的任何费用和开支应：

a）支付给评审员：

i）AIAC 主任收到根据该法第 17（1）款撤回送达的评审请求的通知副本以及评审员根据上述第 9（5A）款支付费用的命令后；

ii）AIAC 主任在该法第 12（2）款规定的时间内收到评审决定的副本以及评审员的书面确认，表明符合该法第 12（2）款的要求；

b）如果评审员未能在该法第 12（2）款规定的时间内对争议作出评审，则应将双方当事人所缴纳的金额退还给双方。

8）AIAC 有权从存入 AIAC 的任何费用和开支中扣除本表附件三规定的管理费。

9）AIAC 应核算根据该法第 19（4）、19（5）和 16（2）款存入 AIAC 的所有付款，由此赚取的任何利息应由 AIAC 保留。

10）根据该法第 19（4）和 16（2）款，向 AIAC 主任处存入的任何存款均应缴纳任何及所有适用的税费、管理费用和包括但不限于外汇损失的融资成本。

11）如果一方当事人请求评审，但后来确定其无权这样做，则该方应独自承担评审员的费用和开支以及 AIAC 可能收取的所有管理费用。

12）即使法院随后撤销了评审决定，只要评审员善意地履行了该法规定的职责，评审员仍有权获得其费用和开支。

10. 评审决定

1) 评审员应在以下期限内对争议作出评审并作出评审决定：

a) 自送达评审回应或评审答复之日起四十五个工作日，以较晚者为准；

b) 如果未收到评审回应，则为评审回应规定的送达期限届满后四十五个工作日；

c) 双方同意延长的时间。

2) 任何决定均应采用书面形式，并应当载明做出该决定的理由，但当事人要求不说明理由的除外。

3) 评审员可以主动或根据当事人的申请，更正任何计算或印刷中的笔误或差错，以纠正其决定。

4) 对决定的任何更正均应在评审员收到申请之日后尽快作出，同样，如果评审员主动作出更正，则应在他意识到需要更正后尽快作出更正。

11. 保密

除第 12 条规定外，所有参与评审的人员均应根据本法和条例对与评审有关的所有事项和文件保密。

12. 允许公布修订后的评审决定

除非任何一方当事人或评审员在作出评审决定前以书面形式通知 AIAC 主任，否则评审中的当事人和评审员应被视为同意 AIAC 以其认为合适的任何方式披露、制作或公布该评审决定，前提是 AIAC 确保以下机密信息和详细信息在披露、制作或发布之前删除：

a) 评审当事人姓名；

b) 评审员姓名；

c) 主题项目的名称和详细信息；

d) 付款索赔金额；

e) 支付相应金额；

f) 裁定的金额。

B部分 程 序

1. 根据该法第 40 条提出的豁免申请应以书面形式向 AIAC 主任提出。

2. 豁免申请必须：

a) 附上 RM40000.00 不可退还的申请费；

b) 包含申请人的姓名和地址；

c) 确定申请人寻求豁免的个人或群体，或合同、事项、交易或任何类别，以及该法案的规定；

d) 包含说明理由并提供支持申请的任何相关文件（如果有）。

3. 收到豁免申请后，AIAC 主任可以：

a) 如果申请不符合上述第 2 款的规定，则拒绝该申请；

b) 要求申请人提供其审核所需的任何进一步信息；

c) 审查申请。

4. AIAC 主任在收到申请或上述第 3（b）款中提到的进一步信息后，可以与任何相关方协商审查豁免申请。

5. 随后，AIAC 主任将根据该法第 40 条向部长提出建议：

a) 有条件或无条件地接受申请；

b) 全部或部分拒绝该申请。

附件一 表 格

表格 1 付款申请

(《2012 年建筑业付款与评审法》第 5 条)

付款主张编号：
日期：
备注：
这是根据《2012 年建筑业付款与评审法》提出的付款主张

来自非付款方：	致未付款方：
姓名：	姓名：
通信地址：	送达地址：
	（送达方式）

附件：

附表 1：

合同的相关摘录，显示原始商定的合同金额。如果估价是基于《2012 年 CIPA 法案》第 36（1）或 36（2）款中任何默认规定，则需提供一份显示价值计算的表格以及支持估价基础的相关文件。

附表 2：

相关说明（例如建筑师的说明/S. O. 的说明/工程师的说明）和表格，显示所订购的每个变更工作的细目和描述以及这些变更工作的总价值的计算。如果估价是基于《2012 年 CIPA 法案》第 36（1）或 36（2）款中任何默认规定，则需提供一份显示价值计算的表格以及支持估价基础的相关文件。

附表 3：

相关付款证明/提交的索赔/进行的联合估价记录等，以及显示已完成工程的明细和描述，已完成的工程经签证/索赔/估价的百分比以及截至时已完成的总价值的表格相关日期。如果估价是基于《2012年CIPA法案》第36（1）或36（2）款中任何默认规定，则需提供一份显示价值计算的表格以及支持评估基础的相关文件。

附表4：

相关付款证明/索赔通知/进行的联合估价记录等（视情况而定），以及显示已完成的变更工程的明细和描述的表格，已完成的这些变更工程经签证/索赔/估价的百分比，以及截至相关日期已完成的总价值。如果估价是基于《2012年CIPA法案》第36（1）或36（2）款中任何默认规定，则需提供一份显示价值计算的表格以及支持估价基础的相关文件。

附表5：

合同的相关摘录，显示了交付到现场的未安装货物和材料的付款权利，显示已交付到现场的货物和材料的必要文件，以及显示了交付到现场的未安装货物和材料的明细和描述的表格，以及这些货物和材料的价值计算。

附表6：

合同中有关扣留保留金的相关摘录，以及显示截至相关日期有权扣留的保留金价值计算的表格。

附表7：

显示先前支付/索赔/签证金额的相关文件。

表格 2 付款回复

(《2012年建筑业付款与评审法》第6节)

付款回应编号：	日期：
来自非付款方： 姓名： 通信地址：	致未付款方： 姓名： 送达地址：
	（送达方式）

回应付款索赔编号：	收货日期：	索赔金额：	认可金额：	争议金额：
（确定支付宣称）	（日期）	（数量）	（数量：状态"无"哪里没有金额是承认）	（数量：状态"无"哪里没有金额是争议）

合同编号：
合同签订日期：
项目/工作描述：
项目地点：
合同金额：

附件：

附表1：

合同的相关摘录显示商定的原始合同金额。如果估价是基于《2012年CIPA法案》第36（1）或36（2）款中任何默认规定，则需提供一份显示价值计算的表格以及支持估价基础的相关文件。

附表 2：

相关说明（例如建筑师的说明/S. O. 的说明/工程师的说明）和表格，显示所订购的每个变更工作的明细和描述以及这些变更工作的总价值的计算。如果估价是基于《2012 年 CIPA 法案》第 36（1）或 36（2）款中任何默认规定，则需提供一份显示价值计算的表格以及支持估价基础的相关文件。

附表 3：

相关付款证明/提交的索赔/进行的联合估价记录等（视情况而定），以及显示已完成工程的细目和描述的表格，已完成的工程经认证/索赔/估价的百分比，以及截至相关日期已完成的总价值。如果估价是基于《2012 年 CIPA 法案》第 36（1）或 36（2）款中任何默认规定，则需提供一份显示价值计算的表格以及支持估价基础的相关文件。

附表 4：

相关付款证明/提交的索赔/进行的联合估价记录等，以及显示已完成的变更工程的细目和描述的表格，已完成的这些变更工程经签证/索赔/估价的百分比，以及截至相关日期已完成的总价值。如果估价是基于《2012 年 CIPA 法案》第 36（1）或 36（2）款中任何默认规定，则需提供一份显示价值计算的表格以及支持估价基础的相关文件。

附表 5：

合同的相关摘录，显示了交付到现场的未安装货物和材料的付款权利，显示已交付到现场的货物和材料的必要文件，以及显示了交付到现场的未安装货物和材料的明细和描述的表格，以及这些货物和材料的价值计算。

附表 6：

合同中有关扣留保留金的相关摘录，以及显示截至相关日期有权扣留的保留金价值计算的表格。

附表 7：

显示在相关日期付款的证明/确认的相关文件。

附表8：

相关说明（例如建筑师的说明/S.O.的说明/工程师的说明）和表格主要显示：

a）已发现的缺陷工作/责令进行的整改工作的明细和描述；

b）计算该等已进行及尚未进行的缺陷工程/整改工程的总价值；

c）有缺陷的工程或由第三方承包商进行/将要进行的任何整改工程（如有）的总价值。

列出或附上相关合同条款的摘录。

附表9：

延长时间的相关证明、未竣工证明、实际竣工证明（如有）、合同中显示因延迟付款索赔而收取或扣除违约金和确定损害赔偿金的权利的相关摘录，以及显示计算寻求扣除的违约赔偿金和确定赔偿金。列出或附上相关合同条款的摘录。

附表10：

支付不付款方承认的金额。

表格3 评审通知书

(《2012年建筑业支付与评审法》第7条和第8条)

来自申请人： 姓名： 通信地址：	致被申请人： 姓名： 送达地址：
	（日期）
	（送达方式）

合同编号：
合同签订日期：
项目/工作描述：
项目地点：
合同金额：

付款主张编号：
付款主张金额：
付款回应编号（如有）：
承认并支付的付款主张金额（如有）：
减免/抵销/交叉索赔总额（如有）：
争议金额：
[申请人索赔或交叉索赔的金额]：

评审通知书

1. 我们与您之间因上述付款主张［和付款回应（如果有）］而产生合同项下的争议。

2. 付款主张已于［日期］通过［说明送达方式］送达［我们或您，视情况而定］。［我们或您（视情况而定）此后于（日期）（说明服务方式）提供了付款回复］［＊如果适用］

3. 该纠纷涉及以下事项：

［阐明争议的性质和描述［《2012 年建筑业付款与评审法》第 8 (1) 款。］］

4. 根据《2012 年建筑业付款与评审法》第 7 条和第 8 条的规定，特此通知您将上述付款主张引起的争议提交评审。

5. 我们寻求以下救济或补救措施：

［列出救济/补救措施的性质和描述［2012 年《CIPA 法》第 8 (1) 条。］

6. 支持所寻求的救济或补救的文件如下：

［确定文件并附上支持本协议的所有相关文件］

7. 根据《2012 年建筑业付款与评审法》第 21 (a) 款，我们建议任命［拟聘人员的姓名、职业和地址］为评审员来评审争议。请表明您同意被任命为评审员的拟议人员，或您选择的任何其他合适的人员供我们考虑。如果我们在［日期［2012 年《CIPA 法》第 21 (a) 款规定，当事人可以在原告送达裁决通知后 10 个工作日内协议指定评审员。］］之前没有收到您的任何回复，我们将根据《2012 年建筑业付款与评审法》第 21 (b) (i) 项向亚洲国际仲裁中心主任请求任命一名评审员。

［签名］
［申请人授权代表的姓名和职务］

抄送：(亚洲国际仲裁中心主任)

（送达地址）

（送达方式）

表格 3A 通知 AIAC 主任登记评审

（AIAC 评审规则和程序，规则 2）

致：_____主任 亚洲国际仲裁中心（送达地址）
发件人：（申请人） （通信地址） 负责人： （姓名和职务）
（日期）
（送达方式）

被申请人的详细资料

被申请人：

（姓名）

（送达地址）

附件

1. 付款主张副本；

2. 付款回应的副本（如果有）。

评审通知书

评审通知日期：

评审通知送达被申请人的日期：

登记费用

随函附上［支票/银行汇票/任何其他批准的付款方式］，金额为［金额］，用于支付本评审参考的登记费。

合同详情

合同编号：

合同类型：

合同签订日期：

项目/工作描述：

项目地点：

合同金额：

争议概要

申请人、被申请人及案涉争议信息：

（列明所涉合同类型、合同项下申请人和被申请人的身份/角色，以及所涉争议的简要说明）

付款主张编号：

付款主张依据：

付款主张日期：

付款到期日期［指未付款方应当而未能在合同规定的付款到期日之前付款的日期］：

向未付款方送达付款主张的日期：

主张金额：

付款回复编号（如有）：

付款回复依据：

付款回复日期：

未付款方收到付款回复的日期：

已承认金额（如有）和已承认金额的支付日期：

争议金额：（金额）

救济或补救措施：

（列出根据评审通知寻求的救济/补救）

（签名）

（申请人授权代表的姓名和名称）

抄送： （被申请人）

（送达地址）

（送达方式）

表格 4　请求选定的评审员采取行动

（《2012 年建筑业付款和评审法》第 21（a）和 22 条）

致：（所选评审员姓名）（送达地址）
来自：（申请人） （通信地址） 负责人： （姓名和职务）
（日期）
（送达方式）
合同编号： 合同签订日期： 项目/工作描述： 项目地点： 合同金额： 评审通知日期： 申请人送达评审通知日期：

请求担任评审员

(根据《2012年建筑业付款和评审法》第21(a)和22条)

1. 申请人[姓名]与被申请人[姓名]之间根据上述建筑合同产生了争议。

2. 随附上述评审通知的副本。如果您需要向您交付评审通知中载明的文件副本,请告知我们。

3. 双方同意由您作为评审员来解决双方之间的争议。
随附证明该协议的文件副本供您阅读。

4. 请在收到此请求之日起[5]个工作日内表明您是否愿意并且能够担任争议的评审员,如果您愿意,请将以下信息转发给我们和被申请人:

a) 一份书面确认书,证明您已满足《2012年建筑业付款和评审法》或据此制定的任何条例或规则所要求的评审员的能力标准和准则,并且您有资格在我们的争议中担任评审员;

b) 您提议的参与条款和条件(包括您的费用和开支)。

(签名)

(申请人授权代表的姓名和名称)

抄送:(被申请人) (送达地址)	(送达方式)
抄送:(亚洲国际仲裁中心主任) (送达地址)	(送达方式)

表格 5 请求 AIAC 主任任命一名评审员

《2012 年建筑业支付和评审法》第 21（b）（i）款

致：（亚洲国际仲裁中心主任）（送达地址）
来自：（申请人和/或被申请人，视情况而定） 　　（地址） 负责人： 　（姓名和职务）
（日期）
（送达方式）
合同编号： 合同签订日期： 项目/工作描述： 项目地点： 合同金额： 评审通知日期： 申请人送达评审通知日期：

任命费

随函附上［支票、银行汇票、任何其他批准的付款方式］，其金额为［金额］，用于支付本次任命请求的任命费。

请求指定评审员

（根据《2012年建筑业付款和评审法》第21（b）（i）款）

1. 申请人［姓名］与被申请人［姓名］之间根据上述建筑合同产生了争议。

2. 随附上述评审通知的副本。如果您需要向您交付裁决通知中载明的文件副本，请告知我们。

3. 自申请人根据《2012年建筑业支付与评审法》第21（a）条送达评审通知之日起10个工作日内，双方未能就评审员达成一致意见以评审争议。

4. 根据《2012年建筑业付款与评审法》第21（b）（i）款，我们特此请求您指定一名合适的人员担任我们争议的评审员，并在收到此请求之日起5个工作日内以书面形式通知双方。

（签名）

（申请人和/或被申请人的授权以及指定代表姓名（视情况而定））

抄送：（被申请人和/或申请人，视情况而定）

（送达地址）

（送达方式）

表格6　接受委任担任评审员的通知

致：（申请人） 　　（送达地址）
致：（被申请人） 　　（送达地址）
发自：（评审员） 　　　（通信地址）
（日期）
（送达方式）
合同编号： 合同签订日期： 项目/工作描述： 项目地点： 合同金额： 评审通知日期： AIAC案件登记号（如有）：

接受任命担任评审员的通知

1. 在日期为［日期］的［请求［根据《2012年CIPA法》第21（a）款。］/任命］［根据《2012年CIPA法》第23（1）条。］信函中，要求我担任所附评审通知中指定争议的评审员，该通知是由［申请人根据《2012年建筑业付款与评审法》第21（a）条/亚洲国际仲裁中心主任根据《2012年建筑业支付与评审法》第23（1）条］发送给我的。

2. 我，［评审员姓名］特此接受根据双方同意的任命条款和条件担任评审员的任命，并附上其副本［或AIAC的标准任命条款和服务费用截至本函日期有效的评审员］。我的费用和开支包含在所附双方同意的任命条款和条件中［或附表［第6条］AIAC的陪审员服务和开支标准费用，或AIAC根据AIAC CIPAA附表02建议的费用，视情况而定］。

3. 我确认：

a）我已满足《2012年建筑业付款与评审法》［2012年《CIPA法》第32（a）条。］或据此制定的任何法规或规则所要求的评审员的能力标准和准则；

b）我有资格担任该纠纷的评审员。

4. 根据《2012年建筑业付款与评审法》第24条的要求，本人特此声明：

a）我的任命不存在利益冲突；

b）本人将独立、公正、及时评审，避免产生不必要的费用；

5. 根据《2012年建筑业付款和评审法》第9条，我特此指示申请人向被申请人送达一份书面评审主张，其中包含争议的性质和描述以及所寻求的补救措施以及有关支持文件，并在收到接受我担任评审员的通知之日起10个工作日内，抄送一份副本给我。

6. 我进一步指示双方向亚洲国际仲裁中心主任缴纳并存入一笔款项［相当于评审员费用和开支、AIAC管理费以及政府可能征收的任何税款的合理比例的金额］自收到本通知之日起［　］个工作日内预付同等数额作为担保。

  （签名）

  （评审员姓名）

  抄送：（亚洲国际仲裁中心主任）

  （送达地址）

  （送达方式）

  抄送：（亚洲国际仲裁中心主任）

  （送达地址）

  （送达方式）

表格7　评审申请

（《2012年建筑业付款与评审法》第9条）

来自申请人： 姓名： 通信地址：	致被申请人： 姓名： 送达地址： 致评审员： 姓名： 送达地址：
	（日期）
	（送达方式）

评审编号（如有）：
评审通知日期：
评审员收到任命接受书的日期：
合同编号：
合同签订日期：
项目/工作描述：
项目地点：
合同金额：

付款主张编号：
付款索赔金额：
付款回应编号（如有）：
承认并支付的付款主张金额（如有）：
减免/抵销/交叉索赔总额（如有）：
争议金额：
［申请人索赔或交叉索赔的金额］：

评审申请书

A：当事人

1. 申请人是［私人有限公司、上市公司、合伙企业、个人等，视情况而定］，其营业地址位于［地址］。［描述其业务性质］

2. 被申请人是［私人有限公司、上市公司、合伙企业、个人等，视情况而定］，其营业地址位于［地址］。［描述其业务性质］

B：施工合同

3. 鉴于双方于［合同订立日期］签订的书面合同，［申请人/被申请人］指定［或聘请等］［被申请人/申请人］作为［承包商/分包商/供应商/顾问等］［描述建筑工程或咨询服务的性质］［描述项目］，合同金额为［金额］。

4. 合同的相关摘录作为附表1附后。

C：与争议主张相关的背景事实

5. ［列出与争议有关的相关背景事实］

D：与争议主张有关的相关合同条款和/或法定默认条款

6. 以下是合同的相关条款和条件［和/或2012年CIPA法案第36条中的相关默认条款（如果适用）］：

［列明相关合同条款和/或法定默认条款（如适用）］

E：付款主张、付款回应（如有）和评审通知

7. 于［日期］，［申请人/被申请人］通过［日期］［送达方式］向［被申请人/申请人］送达付款主张。付款主张通知的副本作为附表2附于此处。

8. 于［日期］，［申请人/被申请人］通过［日期］［送达方式］向［被申请人/索赔人］送达付款回应［如有］。付款答复的副本作为附表3附于此处。

9. 申请人于［日期］通过［日期］［说明送达方式］向被申请人送达了《评审通知书》。评审通知书的副本作为附表4附于此处。

F：争议的性质和描述

10. 该纠纷涉及以下事项：

［列出争议的性质和描述［2012年《CIPA法》第9（1）条。］］

G：［支持付款主张中主张金额的理由（如果申请人是未付款方），或者，通过抵销、减免和/或交叉索赔的理由对主张金额提出争议的理由（如果申请人是不付款方）］

11. ［列出支持的相关理由］

12. 申请人依据以下文件支持其请求：

a）［列出所有相关文件］，其副本作为附表5附后；

b）［（证人姓名）的事实证人陈述］，其副本作为附表6附于此处；

c）［（证人姓名）的专家证人陈述］，其副本作为附表7附于此处。

因此，申请人寻求以下救济和/或补救：

［列出评审通知中提到的寻求救济/补救措施［2012年《CIPA法》第9（1）款。］的性质和描述］

［签名］

［申请人授权代表的姓名和职务］

抄送：（亚洲国际仲裁中心主任）

（送达地址）

（送达方式）

（不用电子邮件发送）

表格 8 评审回应

（《2012 年建筑业付款与评审法》第 10 条）

来自被申请人： 姓名： 通信地址：	致申请人： 姓名： 送达地址： 致评审员： 姓名： 送达地址：
	（日期）
	（送达方式）

评审编号（如有）：
评审通知日期：
收到评审申请的日期：
合同编号：
合同签订日期：
项目/工作描述：
项目地点：
合同金额：

付款主张目录：
付款索赔金额：
付款回应目录（如有）：
承认并支付的付款主张金额（如有）：
减免/抵销/交叉索赔总额（如有）：
争议金额：
［申请人索赔或交叉索赔的金额］：

评审回应

A：当事人

1. ［描述当事人，如果与索赔人的描述不同］

B：施工合同和/或默认法定条款

2. ［描述施工合同，如果与申请人的描述不同，例如合同签订日期、工作和项目描述、合同金额、合同为口头或部分口头、部分书面等］

3. ［列出 2012 年 CIPA 法案第 36 条中相关默认条款的任何部分］

4. 合同的相关摘录作为附件 1［例如：与估价和请求金额有关的相关合同条款（如果被诉人是未付款方），或与抵销、减免和/或交叉索赔（如果被诉人是未付款方）相关的合同条款］。

C：与争议主张相关的背景事实

5. ［如果与申请人的观点不同，请列出与争议有关的相关背景事实］

D：与争议有关的相关合同条款和/或法定默认条款

6. 以下是合同的相关条款和条件［和/或 2012 年 CIPA 法案第 36 条中的相关默认条款］：

［列出与估价和主张金额（如果被诉人是未付款方）或抵销、减免和/或交叉索赔（如果被诉人是不付款方）相关的合同条款，和/或法定默认条款（如果有相关的）］

E：付款主张、付款回应（如有）和评审通知

7. ［说明并描述付款主张、付款回应（如果有）和评审通知（如果它们与申请人的观点不同）］。

F：争议的性质和描述

8. ［如果与申请人的观点不同，请说明争议的性质和描述］

G：被申请人对评审请求的回应

9. ［针对评审请求［2012 年《CIPA 法》第 10（1）条。］中提出的请求，列出其理由和依据］

10. 被申请人依据以下文件来支持其主张［和/或请求］：

a)［相关证据文件目录］，其副本作为附表 2 附后；

b)［（证人姓名）的事实证人陈述］，其副本作为附表 3 附于本函；

c)［（证人姓名）的专家证人陈述］，其副本作为附表 4 附于本函。

［列出被申请人寻求评审员决定的救济或补救措施（如有）］

［签名］

［被申请人授权代表的姓名和职务］

抄送：（亚洲国际仲裁中心主任）

（送达地址）

（送达方式）

（不能用电子邮件送达）

第四章　他山之石

表格9　评审答复

(《2012年建筑业付款与评审法》第11条)

来自申请人： 姓名： 通信地址：	致答复人： 姓名： 地址： 致评审员： 姓名： 送达地址：
	（日期）
	（送达方式）

评审编号（如有）：
评审通知日期：
收到评审回复的日期：
合同参考号：
合同签订日期：
项目/工作描述：
项目地点：
合同金额：

付款主张编号：
付款主张金额：
付款回复编号（如有）：
已承认并支付的付款主张金额（如有）：
减免/抵销/交叉索赔总额（如有）：
争议金额：
［申请人索赔或交叉索赔的金额］：

评审答复

1. 在答复评审回应时，申请人声明：

［列出申请人对评审回应的答复］

2. 除了评审申请所附的文件和/或证据外，申请人还提交以下文件：

［确定并附上申请人支持其评审诉求和/或评审答复所依据的进一步文件/证据］

［签名］

［申请人授权代表的姓名和名称］

抄送：　　（亚洲国际仲裁中心主任）

（送达地址）

（送达方式）

（不能用电子邮件送件）

表格 10　扩大评审员管辖范围的协议
同意扩大评审员的管辖权

（《2012 年建筑业支付与评审法》第 27（2）款）

本协议于〔日期〕发出
致：（评审员） （送达地址）
来自：（申请人或被申请人，视情况而定）（通信地址） 负责人：（姓名和职务）
抄送：（申请人或被申请人，视情况而定） （送达地址）
抄送：亚洲国际仲裁中心主任 （送达地址）
（日期）
（送达方式）
评审编号（如有）： 评审通知日期： 合同编号： 合同签订日期： 项目/工作描述： 项目地点： 合同金额：

延长评审员管辖权的协议

(根据《2012 年建筑业付款与评审法》第 27（2）款）

1. 根据《2012 年建筑业付款与评审法》第 27（2）款，申请人和被申请人特此同意扩大您的管辖权，以就以下争议事项（之前未提交给您）做出决定：

（a）列出事件的性质和描述，

例如争议当事人、争议发生日期、争议事项等；

（b）列出与该事项相关的救济/补救措施的性质和描述

2. 双方同意，在本次评审中，将上述争议事项提交贵方评审。

（签名）

（申请人）（日期）

（签名）

（被申请人）（日期）

表格 11 撤回评审申请索赔程序的通知

（《2012 年建筑业支付与评审法》第 17（1）款）

致：（被申请人） （送达地址）
致：（评审员）（送达地址）
抄　送：亚洲国际仲裁中心主任 　　　　（送达地址） 发件人：（索赔人） 　　　　（通信地址） 负责人： 　　　　（姓名和职务）
（日期）
（送达方式）
评审申请编号（如有）： 评审通知日期： 合同编号： 合同签订日期： 项目/工作描述： 项目地点： 合同金额：

撤回评审申请/程序的通知

（根据《2012年建筑业付款与评审法》第17（1）款）

1. 根据《2012年建筑业付款和评审法》第17（1）款，我们（原告）特此发出撤回通知，撤回我们针对您（被告）向［评审员姓名］提交的，关于［描述争议］争议提起的评审申请/诉讼程序［2012年CIPA法第17（1）条要求将撤回通知送达被申请人和评审员双方。］。

2. ［列出撤回的理由，以及（如果申请人认为不应承担撤回所产生的费用，请说明理由）］。

3. ［我们保留对同一争议事项（或任何部分）重新开始评审的权利［请参阅2012年CIPA法案第17（3）款。］］。

（签名）

（申请人）

（日期）

第四章　他山之石

表格 12　评审合并程序通知

（《2012 年建筑业付款和评审法》第 14 条）

评审通知日期［及评审编号（如有）］： ［评审编号 1］ 合同编号： 合同签订日期： 项目/工作描述： 项目地点： 合同金额：
致：（申请人-第 1 号评审）（送达地址）
致：（被申请人-第 1 号判决）（送达地址）
［评审受理编号 2］： 评审通知日期： 合同编号： 合同签订日期： 项目/工作描述： 项目地点： 合同金额：
致：（申请人-第 2 号评审）（送达地址）
致：（被申请人-第 2 号判决）（送达地址）
（如果有两个以上，请列出寻求合并的任何进一步评审）
抄送：亚洲国际仲裁中心主任（送达地址）
发自：（评审员） 　　　（通信地址）
（日期）
（送达方式）

合并评审程序的通知

（根据《2012年建筑业付款与评审法》第14条）

以下评审程序正在审理中，我已被任命为评审员：

1. ［列出第1号评审和第2号评审（以及同意合并的任何其他判决）的详情］

2. 特此确认，上述待决程序的所有当事人均已同意：

a）将待定的评审程序合并为一个评审程序；同时：

b）我将根据《2012年建筑业付款和评审法》第14条在同一程序中对争议事项进行评审［并在（日期）之前交付评审决定］。

（签名）

（评审员姓名）

（签名）

（申请人-第1号评审）（日期）

（签名）

（被申请人-第1号评审）（日期）

（签名）

（申请人-第2号评审）（日期）

（签名）

（被申请人-第2号评审）（日期）

［其他申请人和被申请人（如适用）］

第四章 他山之石

表格 13 评审员请求延长作出评审决定的时间

（《2012 年建筑业付款和评审法》第 12（2）（c）项）

致：（申请人） 　　（送达地址）	
致：（被申请人） 　　（送达地址）	
抄送：亚洲国际仲裁中心主任（送达地址）	
发自：（评审员） 　　　（通信地址）	
	（日期）
	（送达方式）
评审登记编号（如有）： 评审通知日期： 合同参考编号： 合同签订日期： 项目/工作描述： 项目地点： 合同金额：	

评审员请求延长作出评审决定的时间

1. 对于上述评审,根据《2012年建筑业支付与评审法》第 [12(2)(a)/12(2)(b)] 项规定,我需要在 [日期] 之前对争议作出评审并作出评审决定。

2. 我请求双方同意将我做出决定的时间延长至 [日期],原因如下:

[列出请求的理由]

3. 请在收到此请求后的 [ ] 工作日,回复您是否同意按请求延长时间。

(签字)

(评审员)

表格 14 关于在全额支付费用和开支之前暂不发布决定的通知

(2012年建筑业付款和评审法,第19(5)款)

致:(申请人) (送达地址)
致:(被申请人) (送达地址)
抄送:亚洲国际仲裁中心主任 (送达地址)
发自:(评审员) 　　　(通讯地址)
(日期)
(送达方式)
评审编号(如有): 评审通知日期: 合同参考编号: 合同签订日期: 项目/工作描述: 项目地点: 合同金额:

关于在全额支付费用和开支之前暂不发布决定的通知

(根据《2012年建筑业付款与评审法》第19(5)款)

1. 兹通知当事人,评审决定已经完成,可以送达当事人。

2. 截至目前,我的费用和开支、AIAC的管理费〔以及政府可能征收的任何税费〕的全部〔金额〕尚未按照我要求的日期〔日期〕存入亚洲国际仲裁中心主任处。

3. 根据《2012年建筑业付款及评审法》第19(5)款,只有在全额〔金额〕存入亚洲国际仲裁中心主任处,并通知和提供此类付款的证明后,我才会发布评审决定。

(签字)
(评审员)

第四章 他山之石

表格 15 评审决定的示例格式

评审书格式样本

根据 AIAC 规则和《2012 年建筑业付款与评审法》进行的评审

〔评审登记编号：_____〕

XXX…申请人

YYY…被申请人

（靠前的位置）〔评审员姓名〕

评审决定日期（日/月/年）

A：各方当事人

〔描述评审当事人并说明他们是否派代表出席。如果他们有代表，请指出代表的身份。〕

B：建设合同及背景情况

【描述相关建设合同，并列举争议事项的背景事实】

D：申请人的付款主张

〔列出付款主张的详细信息，例如请求金额、支付请求金额的到期日、其中申请评审的理由、与付款相关的工作或服务的描述等〕

E：被申请人的付款回应（如有）

〔列出付款响应的详细信息，例如承认的金额、支付的金额、有争议的金额、扣缴、减免、交叉索赔等扣缴原因〕

F：评审的目录

〔列明评审通知书所主张的节点范围及救济/补救措施，以及与评审通知书有关的详情，包括：送达日期等〕

G：任命评审员

〔评审员如何任命，例如，通过协议还是由 AIAC 主任指定等〕

H：主要议题

〔列出需要评审员裁定的问题，例如关于索赔的责任和金额〕

I：评审诉求

〔列出评审诉求的详细信息，例如索赔的性质和描述、索赔的依据、评审索赔中寻求的救济/补救，并简要说明文件/申请人所依据的证据〕

J：评审回应

〔列出评审回应的详细信息，例如被申请人对评审主张的答复、被申请人提出的理由，并简要说明被申请人所依据的文件/证据〕

K：评审答复（如有）

〔列出申请人对评审回应的答复内容，并简要说明任何进一步的文件/申请人出示的证据〕

L：听证会/会议/现场考察

〔列出听证会/会议的天数、听证会或会议期间收集的证据、现场视察的日期、评审员采取的任何其他行动等〕

M：调查结果和理由

〔通过提供他的发现及其发现的理由来讨论每个问题。〕

N：成本和评审员的费用和开支

［讨论由谁承担费用，并确定支付费用的数额。列出评审员费用及应付开支的金额及其详情］

O：决定

［列出评审员的决定］

示例1：主张或交叉索赔成功的情况

a)［注明裁定金额（如有）、付款方、有权从付款方收取付款的一方，以及支付裁定金额的时间］；

b)［根据2012年CIPA法案第25（o）款授予的融资成本和/或利息（如有）］；

c)［根据2012年CIPA法第18（1）款（由败诉方）承担的评审程序费用，金额为（金额），其中应包括评审员的费用和开支，金额为（金额）。说明支付评审程序费用的期限］；

d)［说明裁定金额以及利息和费用的支付方式］。

示例2：主张不成功的情况

a)［声明驳回主张］；

b)［根据2012年CIPA法第18（1）款（由败诉方）承担的评审程序费用，金额为（金额），其中应包括评审员的费用和开支，金额为（金额）。说明支付评审程序费用的期限］；

c)［说明费用的支付方式］。

日期：（日/月/年）

（签字）（评审员姓名）

第四章 他山之石

表格 16 评审决定的交付

(《2012年建筑业付款和评审法》第 12（2）款和 AIAC 评审规则和程序第 9（5）&9（7）款)

致：（申请人）（送达地址）	
致：（被申请人） 　　（送达地址）	
致：亚洲国际仲裁中心主任（送达地址）	
发自：（评审员） 　　（通信地址）	
	（日期）
	（送达方式）
评审编号（如有）： 评审通知日期： 合同编号： 合同签订日期： 项目/工作描述： 项目地点： 合同金额：	

评审决定的交付通知

（根据《2012年建筑业付款和评审法》第12（2）款以及AIAC评审规则和程序第9（5）和9（7）款）谨随函附上我于［日期］做出的书面评审决定。

我确认：

a) 按照我在［日期］的通知要求，本次评审费用和开支，包括AIAC的管理费［以及政府可能征收的任何税款］，根据第《2012年建筑业支付和评审法》第19（5）款全额支付到AIAC主任处。

b) 我已遵守《2012年建筑业付款和评审法》第12（2）款规定的时间提交了评审决定。

此致。

（签字）
（评审员）

附件二　AIAC 标准任命条款

1. 评审员应公正且独立于当事人，并应立即通知当事人任何可能影响其公正性或独立性的事情。

2. 评审员应对所有提交其评审的事项保密，未经当事人事先书面同意，不得透露这些事项。

3. 审判员应当向评审程序当事人解释并确保合理告知其在评审程序中的程序要求和预期。

4. 任何一方在任何诉讼程序中不得传唤评审员就其评审的事项作为证人或提供证据。

5. 未经当事人批准，评审员不得根据本法和条例指派、委托或获得与其工作相关的法律或技术援助。

6. 如果评审员善意地履行本法规定的评审员职责和职能，则不得就其所做或未做的任何事情提起诉讼或其他法律程序。

7. 评审员有权：

a) 获得约定的费用和开支；

b) 由当事人报销其履行职责所发生的合理费用；

c) 指示各方将预期费用和开支等额提前缴纳并存入 AIAC 主任处作为担保；

d) 对其决定行使留置权，直至所有未缴费用和开支，包括 AIAC 的管理费和政府可能征收的任何税款（包括商品和服务税）全部支付。

7A. 尽管法院随后撤销了评审决定，但只要评审员善意地履行了该法规定的职责，评审员仍有权获得其费用和开支。

8. 一方未在规定期限内履行付款请求的，另一方可以支付并向违约方追回该款项。

9. 评审员所产生的费用和开支应在作出评审决定之前全额支付，双方当事人根据本条款对评审员的费用和开支承担连带责任。

10. 评审员的任命可以通过以下方式终止：

a）双方共同书面协议；

b）申请人根据该法第 17（1）款撤回评审请求；

c）仲裁或法院对提交的争议做出了最终裁决；

d）评审员死亡、辞职或无能力根据该法第 17（4）款完成评审程序。

11. 评审员有权收取截至评审程序终止通知送达之日或和解之日为止发生的合理费用和开支，如果：

a）当事人在评审员作出决定前解决争议；或者；

b）评审员的任命根据上述第 10 条终止。

12. 评审员应在该法第 12（2）款规定的期限内对此事做出评审决定并将决定送达当事人。该决定应以书面形式作出，并在结清所有未偿费用和开支后，送达当事人和 AIAC 主任。

附件三　管理费用表

1. AIAC 管理费

1.1　应收取的管理费用清单（如适用）：

a）登记评审事项的登记费为 250 马币；

b）评审员任命费 400 马币，用于请求 AIAC 主任任命评审员；

c）管理费按评审员费用的 20％计算。该费用是在当事人应付的评审员费用之外的费用。

d）政府可能征收的所有税款，其中包括适用于第 1.1（a）、1.1（b）和 1.1（c）列明的 AIAC 管理费和服务税。

1.2　本项所提述的管理费用 1.1（如适用）即使评审程序提前结束、撤回、和解或评审无效，也应支付。

1.3　所有管理费均应在登记时和/或根据评审员的指示支付，且不可退还。

2. AIAC 管理费修正案

AIAC 保留由 AIAC 主任酌情决定不时修改和/或更改管理费的权利，恕不另行通知。

附件四 评审员行为准则

本行为准则（以下简称本准则）适用于争议各方指定的或 AIAC 根据《建筑业支付和评审法》指定担任评审员的所有人员。

1. 接受任务

1.1 评审员在接受案件任命之前，应确保他能够独立、公正和迅速地进行评审。

2. 公正性

2.1 评审员将对各方保持公正和公平，并让各方看到如此。

2.2 评审员必须设法披露任何可能导致其不公正或不公平印象的信息，包括：

a) 他（或其事务所或公司的任何成员）以任何身份代表任何一方行事；

b) 他对任何一方或评审结果拥有财务或任何其他利益（直接或间接）；

c) 他拥有从评审程序之外的来源获得的有关当事人或评审主题事项的任何机密信息。

2.3 如果评审员与任何一方之间存在实际的、潜在的或明显的利益冲突，评审员应向所有相关方强调这一点。

2.4 如果在审判程序的任何阶段出现可能对审判员的公正性、独立性产生怀疑的新情况，审判员应当及时向有关当事人披露该情况。

2.5 评审员依本条例或细则规定不具备资格者，不得接受任命。

2.6 未经所有各方书面知情同意，评审员（或其事务所或公司的任何成员）不得在与评审主题相关或由评审主题引起的任何事项中代表任何一方行事。

3. 评审程序

评审员将根据该法案和条例行事。

4. 保密

为评审过程提供和/或披露的任何文件或信息将予以保密。只有在法律要求、或根据法院命令、或经所有相关方同意的情况下，评审员才会披露相关信息。

5. 准备和勤勉

5.1 评审员将在评审开始前做好适当的准备。

5.2 评审员应当认真、勤勉地履行职责。

6. 遵守法案

本守则中规定的义务超出了该法案和条例规定的评审员的义务。评审员必须遵守该法案和条例的要求。

7. 回避

7.1 有下列情况之一的，审判员应当回避案件：

a) 当他意识到自己违反了本准则的任何条款时；

b) 当任何一方要求他必须做任何违反本准则、法案或条例条款的事情时。

出现上述（a）或（b）情况时，评审员应立即通知当事人和/或AIAC申请回避。

7.2 如果因成见或偏见而要求评审员回避，则评审员应回避，除非评审员在仔细考虑此事并与当事人协商后确定：

a) 质疑的理由并不充分；

b) 评审员能够公正、公平地行事和评审案件；

c) 回避将导致不公平的延误或费用，或者违背正义的目的。

8. 费用

8.1 评审员已明确同意与争议当事人约定的费用或《规则》规定的仲裁员标准收费的（视具体情况而定），其后不得与任何一方当事人单方面另行安排额外费用。

8.1.1 评审员明确同意本规则规定的评审员标准收费或AIAC CIPAA第02号通知中AIAC建议的收费标准的（视具体情况），应按照申请人根据该法第 5（2）（a）项提出的索赔金额计算费用。

8.2　AIAC 不对评审员承担根据该法案和条例应支付的任何全部或部分评审员费用。

8.3　只有当 AIAC 已从各方处获得全额费用和开支时，评审员才会收到评审员费用。

第六部分　AIAC　CIPAA　通告

AIAC　CIPAA通告　1A
（之前发布为 KLRCA CIPAA 通告 1A）
KLRCA 关于 CIPAA 的适用范围以及 KLRCA 对案件的管理的通知

KLRCA 通过 2014 年 4 月 23 日发布的第 01 号通知告知，KLRCA 将根据其中所采取的立场来管理案件。

2014 年 10 月 31 日，高等法院在 UDA HOLDINGS BHD V BISRAYA CONSTRUCTION SDN BHD（24C-6-09/2014）和 CAPITAL AVENUE DEVELOPMENT SDN BHD V BAUER（M）SDN BHD（24C-5-09/2014）案中，已确定 CIPAA 2012 旨在追溯适用，根据该法第 3 条和第 41 条，该法适用于该法第 4 条含义内以书面形式签订的每一份建筑合同，无论其何时签订，均可依据提出付款申请。

第 3 条规定，CIPAA 2012 不适用于自然人就任何高度低于四层且完全供其占用的建筑物而签订的任何建筑工程的建筑合同。

第 41 条规定，CIPAA 2012 不应影响在该法实施之前已在法院或仲裁中启动的与建筑合同项下的任何付款争议有关的诉讼程序。

鉴于有关 CIPAA 2012 适用范围的问题已由高等法院决定，KLRCA 将根据高等法院的决定管理案件。

因此，KLRCA 今后将根据 CIPAA 2012 登记和管理向其提交的评审案件，前提是遵守 KLRCA 评审规则和程序的相关要求。

本 1A 号通知取代 2014 年 4 月 23 日发布的 1 号通知，立即生效。

KLRCA 主任 Datuk Sundra Rajoo
教授日期：2014 年 11 月 11 日

AIAC　CIPAA 通告　02
（之前发布为 KLRCA CIPAA 通告　02）
关于 KLRCA 建议的通告
费用表（截至 2014 年 8 月 1 日修订）

《2012 年建筑业支付和评审法》（CIPAA）和《2014 年建筑业支付和评审条例》（以下简称《条例》）于 2014 年 4 月 15 日生效。

《条例》所附的收费表规定了工程部规定的评审员服务和开支的标准费用。

KLRCA 认为，该条例中的费用表可能不够合理，不足以吸引合格且有经验的人员，能够在 CIPAA 2012 规定的非常紧迫的期限内工作。

KLRCA 向工程部强调，如果定额收费太低，选定的评审员很可能会尝试与各方谈判，以就选定的评审员可以接受的合理费用达成一致意见，如果无法达成此类协议，则拒绝接受任命。然而，工程部并没有将我们的意见和担忧纳入《条例》规定的标准费用中。

因此，KLRCA 建议采用替代的评审员收费表，以减少评审员因费用过低而拒绝任命的可能性。建议的评审员费用考虑到评审员的专业素质要求、评审员完成评审的时限以及评审涉及的索赔金额等因素。

在就评审员的任命条款和收费进行谈判期间，评审员和各方可以随时同意采用 KLRCA 建议的费用表。

1. KLRCA 推荐的评审员费用表如下：

1.1　KLRCA 推荐的评审员费用表

争议金额（马币）	评审员费用（马币）
不足 150000	8400
150001 至 300000	8400＋超过 150000 部分的 3.5%
300001 至 800000	13650＋超过 300000 部分的 1.3%
800001 至 1300000	20150＋超过 800000 部分的 1.25%
1300001 至 1800000	26400＋超过 1300000 部分的 1.1%
1800001 至 2300000	31900＋超过 1800000 部分的 0.7%
2300001 至 2800000	35400＋超过 2300000 部分的 0.5%
2800001 至 3300000	37900＋超过 2800000 部分的 0.683%
3300001 至 5000000	41315＋超过 3300000 部分的 0.65%
5000001 至 10000000	52365＋超过 5000000 部分的 0.365%
10000001 至 15000000	70615＋超过 10000000 部分的 0.38%
超过 15000000	89615

1.2 评审员费用由当事人按照仲裁员的指示支付。

1.3 分段规定的评审员费用

不包括KLRCA评审规则和程序附件三中规定的20%［以AIAC最新修订为准］行政支持费以及马来西亚政府可能对评审员所赚取的费用征收的所有税款。

2. 支出

2.1 评审员如需到居住地以外进行实地考察等，将获得经济舱机票、合理里程索赔（双方同意）或KLRCA规定的或任何其他合理票价的报销。交通方式（双方同意）以适用者为准，但需提交发票、收据原件或KLRCA可接受的此类证据。

2.2 需要过夜住宿时，应向需要到居住地以外进行实地考察等活动的评审员支付每日1800马币的津贴。如果不需要过夜住宿，则需支付每日900马币的津贴。

2.3 上述每日津贴所涵盖的费用应包括以下项目：

• 酒店住宿

• 餐食/饮料

- 洗衣/干洗/熨烫
- 城市交通（不包括机场接送）
- 通讯费用（电话、传真、互联网使用等）
- 小费

2.4 费用由当事人按照评审员的指示支付。

KLRCA 建议费用表的副本以及整套 KLRCA 规则和程序可在以下网址找到：www.klrca.org

KLRCA 主任：Datuk Sundra Rajoo

教授日期：2014 年 8 月 1 日

AIAC CIPAA 通告 03
（之前发布为 KLRCA CIPAA 通告 03）
关于 KLRCA "书面建筑合同"含义指南的通告

《2012 年建筑业付款和评审法》（CIPAA）于 2014 年 4 月 15 日生效。该法第 2 条规定，法定评审制度适用于书面签订的建筑合同。

然而，该法没有就"书面建筑合同"的含义提供定义或进一步阐述。

鉴于订立建筑合同的方式多样性，对"以书面形式订立的建筑合同"的含义作出明确的指引，以确保建筑合同当事人在产生付款纠纷时得到指导。根据其合同，可以提交该法案的评审。此外，它将消除对未受过法律培训的评审员处理建筑合同是否采用书面形式这一复杂问题的需要。

因此，KLRCA 认为，对于"书面建筑合同"一词的含义提供明确的指导和定义是必要的，有利于充分发挥和更好地执行该法案的规定。

KLRCA 采用以下"书面建筑合同"定义：

1. 有书面的合同：

a) 合同以书面形式订立（无论双方是否签署）；

b) 合同是通过书面交换通信方式订立的；

c) 合同以书面形式证明。

2. 如果双方参考书面合同的条款，以其他形式表达一致，则认定是以书面形式订立合同。

3. 如果以非书面形式订立的合同由一方当事人或经合同当事人授权的第三方进行了记录，则认定合同是以书面形式证明。

《KLRCA 书面施工合同指南》适用于根据 CIPAA 启动的所有评审案件。KLRCA 指南的副本可在以下网址找到：www.klrca.org

KLRCA 主任：Datuk Sundra Rajoo

教授日期：2014 年 4 月 28 日

AIAC CIPAA 通告 04
（之前发布为 KLRCA CIPAA 通告 04）
关于 KLRCA 程序的通函

根据《2012年建筑业付款和评审法》第40条提出的豁免申请。

根据《2012年建筑业付款和评审法》（CIPAA）第40条，部长可在考虑 KLRCA 的建议后，下令豁免任何个人或类别的人员，任何合同、事项或交易，来自 CIPAA 的所有或任何规定的任何其类别，且遵守可能规定的条款和条件。

为了让 KLRCA 主任根据 CIPAA 第40条向工程部长提出豁免建议，KLRCA 引入了申请豁免的程序。

KLRCA 申请豁免的程序，载于 KLRCA 评审规则及程序，如下：

豁免申请程序

1. 根据该法第40条提出的豁免申请应以书面形式向 KLRCA 主任提出。

2. 豁免申请必须：

a) 附上不可退还的申请费马币 20000.00 ［以 AIAC 最新修订为准 www.aiac.world］；

b) 包含申请人的姓名和地址；

c) 确定申请人寻求豁免的个人或类别，或合同、事项、交易或任何类别，以及该法案的规定；

d) 包含理由说明并提供支持申请的任何相关文件（如果有）。

3. 收到豁免申请后，KLRCA 主任可以：

a) 如果申请不符合上述第2款的规定，则拒绝该申请；或者

b) 要求申请人提供其审核所需的任何进一步信息；或者

c) 审查申请。

4. KLRCA 主任在收到申请或上文第3（b）款提及的进一步信息后，可与任何相关方协商以审查豁免申请。

5. 此后，KLRCA 主任将根据该法案第 40 条向部长提出建议：

a）有条件或无条件地接受申请；

b）全部或部分拒绝该申请。

所有豁免申请必须遵守 KLRCA 主任向工程部长提出建议之前的上述程序。

KLRCA 评审规则和程序的副本可在以下网址找到：www.klrca.org

日期：2014 年 4 月 28 日

KLRCA 主任：Datuk Sundra Rajoo 教授

ALAC CIPAA 通告 05
（之前发布为 KLRCA CIPAA 通告 05）
KLRCA 关于在 KLRCA 管理的 CIPAA 程序中
实施商品和服务税的程序的通函

根据《2014 年商品及服务税法》，自 2015 年 4 月 1 日起，提供所有服务均需缴纳 6% 的商品及服务税（GST）。这将包括由 KLRCA 以及评审员为根据 CIPAA 2012、CIPAA 条例 2014 和 KLRCA 评审规则和程序管理的所有 CIPAA 程序提供的服务。

征收商品及服务税的程序如下：

当评审员根据 KLRCA 评审规则和程序第 9（2）款发出指示，命令双方将评审员的全部费用和开支以及 KLRCA 的管理费存入 KLRCA 时，KLRCA 将以保证金的形式收取以下全部费用：

保证金，包括评审员费用加消费税以及吉隆坡皇家委员会的管理费加消费税，将由吉隆坡皇家委员会向各方平均收取。在此阶段无需向评审员支付任何费用。

KLRCA 要求的马币付款可以通过支票支付给亚洲国际仲裁中心或以下账户：

账户名称：AIAC 活动账号：514356504056

银行名称：马来亚银行有限公司

银行地址：Wisma Genting，苏丹依斯迈路，50250 吉隆坡

SWIFT 代码：姆贝米克尔

支付保证金后，评审员应开具税务发票，反映评审员的全部费用和开支以及任何应付的商品及服务税。税务发票将以双方名义开具并交付给 KLRCA。KLRCA 随后会将税务发票转发给双方。

如果评审员在马来西亚注册了商品及服务税，则其费用需缴纳商品及服务税。如果评审员未注册，则当事人需要代扣商品及服务税，直接向海关部门缴纳。

支付保证金后，KLRCA 将开具反映 KLRCA 管理费用以及应付消费税的税务发票。税务发票将以当事人的名义开具并交付给当事人。

双方已支付的保证金将完全以评审员和 KLRCA 开具的税务发票抵销，满足评审费用。

在诉讼过程中可能需要支付的任何额外或补充保证金将以同样的方式收取。税务发票将由相关服务提供商（评审员或 KLRCA）以双方名义开具，包括消费税，保证金随后由 KLRCA 收取。如果服务提供商未提供注册消费税，则不会包含消费税。

在完成评审程序做出最终决定之前，评审员可以指示支付合理费用，包括评审员的合理费用和开支。评审员应开具反映这些合理费用和开支的税务发票。如果这些合理费用与之前开具的任何税务发票之间存在任何差异，则评审员将需要开具相应的贷方票据。任何未用余额将退还给各方。

本 05 号文［2015 年 6 月 1 日修订。］将于 2015 年 6 月 1 日起生效。

日期：2015 年 6 月 1 日

KLRCA 主任：Datuk Sundra Rajoo 教授

AIAC CIPAA 通告 06
（之前发布为 KLRCA CIPAA 通告 06）
KLRCA 关于豁免 2014 年建筑业付款及评审（豁免令）第二附表中指定的政府建筑合同的通函

参照《2014年建筑业付款与评审（豁免令）》（以下简称《豁免令》）第 2（2）款，作出如下命令：

除第（3）节另有规定外，附表 2 所指明的 2014 年 4 月 15 日至 2015 年 12 月 31 日期间政府建筑合约获豁免而不受第 6（3）、7（2）、10（1）、10（2）、11（1）及 11（2）款的约束。豁免令附表 2 内容如下：

"该法案所定义的任何建筑工程的合同，合同金额为两千万林吉特（RM20000000）及以下。"

上述第 2（2）款规定，附表 2 所规定的政府建筑合同的豁免令的有效期将于 2015 年 12 月 31 日后失效。

因此，自 2016 年 1 月 1 日起，根据豁免令第 2（2）款，附表 2 中规定的政府建筑合同将不再获得第 6（3）、7（2）、10（2012 年《建筑业付款与评审法》第 1）、10（2）、11（1）和 11（2）条。

同样，自 2016 年 1 月 1 日起，豁免令第 2（3）款规定的程序也不再适用于附表 2 中规定的政府建筑合同。

本 06 号文自 2016 年 1 月 1 日起施行。

日期：2016 年 1 月 1 日
KLRCA 主任：Datuk Sundra Rajoo 教授

第四章 他山之石

第七部分 2012 年 CIPAA 指南

导 言

- 《建筑业支付和评审法案》("CIPAA")于2012年3月获得议会通过,并于2012年6月18日获得御准。该法案于2014年4月15日开始实施。

- CIPAA 提供了一种通过法定评审快速解决建设工程合同付款纠纷的新机制。它是在中间阶段解决建设工程合同付款纠纷的简易程序,无需等待传统仲裁或诉讼程序的最终裁决。

- 该法案的主要目标是解决建筑行业的现金流问题。它旨在减少根据建筑合同进行的工程或服务普遍存在的延迟、不付款、少付款的做法。

- CIPAA 明确禁止有条件付款条款(例如"在收到款后付款""如果收到款后付款"和"背靠背付款"条款),这些条款导致建筑行业延迟付款。

- 在双方通过仲裁、诉讼或协议最终解决争议之前,CIPAA 的评审决定具有约束力。

- CIPAA 为评审决定的执行提供了多种补救措施。胜诉方可以(1)向高等法院申请命令,将评审决定作为高等法院的判决或命令执行,或(2)暂停履行或降低建筑工程或咨询的履行进度建筑合同项下的服务,或(3)直接向败诉方委托人提出书面请求,要求支付评审金额。CIPAA 允许胜诉方同时或依次行使其中一项或全部补救措施。

什么是法定争议评审?

- 争议评审是解决建设工程合同争议的简易程序。它允许根据建筑合同非付款的一方("申请人")以快速、廉价的方式解决与未付款方("被申请人")的争议。

可以提交 CIPAA 评审的争议涉及根据建筑合同明示条款完成的工作和提供的服务的付款。

- 这是一个强制性的法定程序，不需要双方同意即可开始该程序，并且优先于双方之间任何相反的合同协议。
- 法定争议评审可以在项目完成期间或之后随时开始。
- 它是私下进行的并确保机密性。
- 根据 CIPAA 的明确规定，与仲裁、法院程序相比，它提供了相对更简单、更便宜和更快捷的程序。
- 评审员必须在评审答复或回复（以较晚者为准）送达之日起四十五个工作日内对争议作出评审并出具决定，或者在提交评审答复的规定期限内（如果没有收到评审答复），除非双方同意延长该期限。如果评审员未能遵守规定的期限，其决定将被视为无效，并且评审员无权收取与评审有关的任何费用或开支。
- 在双方通过仲裁、诉讼或协议最终解决争议主题之前，该决定暂时但立即具有约束力。在此期间，败诉方必须遵守评审员的决定并支付评审金额，除非该评审已被高等法院暂缓执行或撤销。
- 如果所做出的决定没有受到质疑，那么它将成为最终决定。
- 根据《CIPAA》，只有在有限的理由下才能撤销评审决定，即通过欺诈或贿赂不当取得评审决定；违背自然正义评审员没有独立或公正地行事；或者裁判员的行为超出了其管辖范围。

它影响谁？

- 只有与建筑合同明示条款下已完成工作和提供服务的付款有关的争议才可以提交 CIPAA 评审。但是，当事人可以在指定评审员后同意扩大评审员对建设合同中产生的任何其他事项的管辖权。
- CIPAA 第 41 条规定：

本法的任何规定均不影响在本法实施之前已在任何法院或仲裁中启动的与建筑合同项下的任何付款争议有关的任何诉讼。

- 为了管理 CIPAA 下 AIAC 的评审案件，包括任命 CIPAA 下的评审员，AIAC 的立场是 CIPAA 适用于 2014 年 4 月 15 日及之后在建筑合同项下发生的付款纠纷，无论相关建筑合同是否于 2014 年 4 月 15 日之前或之后签订。在这方面，据称，当未付款方违反合同规定，未能在合同约定的付款到期日付款时，就会产生建筑合同项下的付款纠纷。

• CIPAA 范围广泛，尤其涵盖建筑业、石油和天然气工业、石化工业、电信、公用事业、基础设施、供应合同和咨询合同。

• CIPAA 适用于与全部或部分在马来西亚进行的建筑工程相关的每份书面建筑合同，包括政府签订的建筑合同。同时适用于本地和国际合同，前提是主题建筑工程全部或部分在马来西亚进行。

• CIPAA 将"建筑合同"定义为包括建筑工程合同和咨询服务合同。

• CIPAA 仅适用于"书面"签订的合同。然而，CIPAA 并未对什么是书面形式的施工合同做出定义或详细说明。AIAC 认为建筑合同必须完全采用书面形式，并且以书面形式订立：

1)

a) 合同以书面形式订立（无论双方是否签字）；

b) 合同是通过书面交换通信方式订立的；

c) 合同以书面形式证明。

2) 如果双方参考书面条款以书面形式以外的方式达成一致，则认定以书面形式订立合同。

3) 如果以非书面形式订立的合同由一方当事人或经合同当事人授权的第三方记录，则认定合同以书面形式作为证据。

（请参阅 KLRCA 于 2014 年 4 月 28 日发出的书面建筑合约通告。）

• 该法案同样适用于马来西亚政府和私营部门。然而，根据《2014 年建筑业付款和评审（豁免）令》，两类政府建筑合同获得豁免。第一类政府建筑合同包含在豁免令附表一中，即涉及紧急、不可预见情况以及涉及国家安全或安全相关设施的任何建筑工程的合同。

第二类政府建筑合同包含在豁免令附表二中，即与政府签订的合同金额为两千万林吉特（RM20000000）及以下的建筑合同。对于第二类，豁免令仅豁免这些合同适用 2012 年 CIPAA 第 6（3）、7（2）、10（1）、10（2）、11（1）和 11（2）款，涉及提交时间表并被一组更长的提交时间表所取代。2014 年 4 月 15 日至 2015 年 12 月 31 日期间，第二类也享有临时豁免。然而，豁免令不适用于政府不是缔约方的建筑合同。

• CIPAA 不适用于个人业主，即居民，其建造的建筑物高度不超过四层，且完全供自己使用。

• 法定争议评审具有强制性，即未根据该法排除或豁免的任何建筑合同当事人均有权诉诸裁决。不允许因违反本法而破坏其规定的适用和/或该法的目标。

评审程序

评审的主要步骤是什么？

评审过程可概括如下：

步骤 1：提出和回应付款主张

非付款方必须向不付款方提出付款索赔。未付款方可以在 10 个工作日内做出回应，发送付款回复，承认全部或部分主张并付款，或对整个主张提出异议。如果未在规定的 10 个工作日内回复，则视为整个付款主张存在争议。然后，任何一方都可以将争议提交评审。

步骤 2：启动评审

可以通过向另一方送达书面评审通知来启动对评审。提起方称为申请人，收到通知的一方称为被申请人。

根据 AIAC 评审规则和程序第 2 条中规定，申请人应在送达评审通知后 7 天内，通过向 AIAC 主任发出包含详情和文件的通知，在 AIAC 登记评审事项，该通知必须附有向 AIAC 缴纳的不可退还登记费，其金额按 AIAC 评审规则和程序附件三中规定。

步骤 3：评审员提名

评审员的任命只能在申请人向被申请人送达有效评审通知之后而

不是之前进行。当事人可以在评审通知送达后 10 个工作日内共同指定一名有能力和资格的人员作为评审员。如果双方无法就评审员达成一致，则任何一方或双方均可向 AIAC 主任提出书面请求，要求任命一名评审员来评审争议。AIAC 主任应当自收到请求之日起 5 个工作日内任命一名评审员，并书面通知当事人和评审员。

步骤 4：委任评审员

在收到预定任命的通知后，选定的评审员可以自由接受或拒绝任命。如果选定的评审员接受任命，他应根据 CIPAA 第 24 条的规定向 AIAC 主任提交书面声明，并提交其任命条款和当事人应支付的费用的副本。

根据 AIAC 评审规则和程序第 9（2）款，评审员必须在接受任命后 14 天内发出指示，命令当事人向 AIAC 预先存入以下费用和开支作为担保：

a）评审员费用和开支以及政府可能征收的任何税款的合理比例；

b）根据 AIAC 评审规则和程序附件三的规定，应向 AIAC 支付的所有管理费。

步骤 5：评审申请与回应

申请人应当在收到评审员接受任命之日起 10 个工作日内，将评审请求连同证明文件送达被申请人和评审员。根据 AIAC 评审规则和程序第 4 条规定，申请人应在送达评审申请书后 7 个工作日内向 AIAC 提交评审申请书副本。除非 AIAC 另有指示，申请人无需向 AIAC 提交证明文件。收到评审申请书后，被申请人必须在 10 个工作日内向申请人和评审员送达评审回应，以回答评审申请以及任何证明文件。根据 AIAC 评审规则和程序第 5 条规定，被申请人应在送达评审回应后 7 个工作日内向 AIAC 提交评审回应副本。除非 AIAC 另有指示，被申请人无需向 AIAC 提交证明文件。

申请人收到评审回应后，可以在 5 个工作日内送达评审答复。同样，根据 AIAC 评审规则和程序第 6 条的要求，评审答复副本必须在送达评审答复后 7 个工作日内送达 AIAC 主任。

步骤 6：评审程序

根据 CIPAA 规定，评审员拥有广泛的权力进行评审。如果有必要帮助他完成任务，他可以召集会议，要求各方回答质询，要求澄清和提供进一步的文件。在此过程中，评审员必须遵守"自然正义"规则和 CIPAA 的相关规定以及 AIAC 评审规则和程序下的评审员行为准则。

步骤 7：评审决定

评审员必须在送达评审回应或评审答复后 45 个工作日内（以较晚者为准），或规定的评审回应送达期限届满后 45 个工作日内（如果未收到评审回应），或双方同意的延长期限，对争议做出评审，并将其评审送达当事人和 AIAC。逾期未作出的评审决定无效。

该决定必须采用书面形式，除非双方另有约定。评审员必须在评审中说明评审金额、支付时间和方式，并在事件发生后下令支付费用。关于成本，他必须确定要支付的金额。费用应包括评审员的费用和开支以及支付给 AIAC 的管理费。

评审员应确保在向当事人发布评审决定之前，已向 AIAC 主任缴纳费用和开支。

评审常见问题

谁可以开始评审？

• 施工合同的任何一方都可以启动评审程序，前提是已根据 CIPAA 获得了这样做的权利。

• 这可以通过向对方当事人发出评审通知来完成。申请人必须向 AIAC 登记评审事项并按规定缴纳不可退还的登记费。

如何选择评审员？

• 当事人有权根据 CIPAA 的规定，经双方同意选择自己的评审员。

• 如果当事人无法选择，可以书面请求亚洲国际仲裁中心（AI-

AC）主任指定一名评审员。预约请求必须连同支付400马币的评审员预约费。

• 重要的是，所选择的评审员必须符合CIPAA和《条例》规定的能力和资格标准，并且有资格和经验来处理特定争议，并按照CIPAA的规定及时、经济有效地处理评审过程。

我需要律师吗？

• 各方可以由其选择的任何代理人代表。代理人可以是律师、建筑师、工程师、工料测量师、索赔顾问或当事人认为合适的其他人员。

• 并且，向高等法院提出撤销、中止或执行评审员决定的任何申请都需要律师。

评审期间会发生什么？

• 根据CIPAA的规定，评审员拥有广泛的权力来进行评审。

• 程序一般是非正式的且相对灵活；并且可以是对抗性的或探究性的。

• 一般来说，评审员会邀请双方提供书面意见和证据。可能会举行简短的听证会或会议，以提出进一步的意见，对证人进行交叉询问，并且评审员可以就争议事项提出问题。必要时评审员也可以进行实地考察。他可以在遵守"自然正义"规则的情况下使用自己的专业知识来处理纠纷。

如果评审员做出决定后未付款怎么办？

• 作为补救措施之一，CIPAA允许"获胜"方在通知"失败"方的情况下暂停或降低施工进度。前者在付款后有权公平合理地延长履行合同义务的期限，并赔偿由此产生的任何损失和费用。

• CIPAA进一步允许胜诉方有权要求欠款方的委托人直接付款，并且委托人必须根据该法的具体规定支付相关金额。

• 此外，胜诉方还可以向高等法院申请执行评审员的决定，就像高等法院的判决或命令一样。

• CIPAA规定胜诉方可以同时或依次行使上述任何或全部权利或

救济。

谁支付评审程序的费用？

•评审的败诉方将必须支付费用。根据 CIPAA 的规定，评审员需要跟踪后续费用，简单来说，就是败诉方必须向胜诉方支付评审程序中的诉讼费用和其他相关费用。

亚洲国际仲裁中心（AIAC）的作用是什么？

AIAC 的职责包括：

•制定评审员的能力标准和准则。这是通过向有兴趣成为认证评审员的各方提供相关培训课程。

•认证合格的评审员并将其列入 AIAC 的评审员名册。

•确定评审员的标准、任命条款及其服务费用标准。AIAC 评审规则和程序提供了标准的任命期限和建议的费用表，各方可以在与指定的评审员协商条款时采用这些条款。

•为 CIPAA 的评审提供行政支持。AIAC 将根据 AIAC 评审规则和程序管理所有评审案件。

•承担本法下有效进行评审所需的任何其他职责和职能。

•就任何豁免申请向部长提出建议。豁免申请必须遵守 AIAC 评审规则和程序中规定的程序。

AIAC 将保留根据该法案和 AIAC 评审规则和程序向其提交的根据 CIPAA 做出的每项评审决定的副本。

•AIAC 还将作为评审费用和开支的利益相关者，以及法院命令任何一方根据 CIPAA 第 16 条申请"中止"时向 AIAC 存入的任何评审金额。

我该如何准备审判？

•对 CIPAA 的普遍认识是必要的。

•良好的同期记录保存系统至关重要。如果一方打算采取评审行动或捍卫索赔，这一点将变得至关重要。

•施工合同中的付款条款必须明确且可行。缺乏可行的付款条件将自动触发CIPAA下的违约付款条款的运作。

• 只有当发生"付款纠纷"时，CIPAA下的评审才能开始。在考虑评审之前，必须给予另一方回应付款主张的机会。如果另一方当事人否认付款主张、对付款主张有争议或者根本没有在规定期限内答复付款主张，则只能开始评审。

评审的替代方案

CIPAA下的法定评审具有暂时约束力。CIPAA第37（3）款允许将有关付款的争议同时提交仲裁或法院，而不影响评审程序。因此，渴望拥有快速、有效且具有约束力的程序的当事人可以考虑根据AIAC快速评审规则进行评审。

AIAC快速评审规则是一个快速裁决程序，允许简易或仅审查文件的程序。涉及实质性口头听证会的评审程序将在启动后160天内完成，仅文件程序将在90天内完成。

评审员的费用和与评审相关的管理费用合理，并按预先设定的比例确定。对于纯文件听证会和实质性口头听证会，评审费用分别上限为索赔总额的30%和50%。该规则还允许合并争议，从而避免在法庭上强制仲裁。

当事人将能够通过评审迅速做出临时决定，并在评审的同时或之后根据AIAC快速评审规则进行评审，从而迅速获得具有约束力的最终决定。